соч. А. С. Пушкина

PUSCHKIN-MÄRCHEN

PALECH-MALEREI

RUSLAN UND LUDMILA

RUSLAN UND LUDMILA

Ihr schönen Fraun, um zu bekunden,
Dass mich für euch kein Dienst gereut,
Hab ich in goldner Mussestunden
Versenkt mich in vergangne Zeit
Und dieses Märchen aufgeschrieben.
Ich hoffe, dass mir's wohl gelang.
Nehmt es als kleines Spiel, ihr Lieben,
Ich fordre weder Lob noch Dank.
Die Freude schon soll mir genügen,
Dass holde Röte überfließt
Der Jungfrau Antlitz, die verschwiegen
So arge Verse schmachtend liest.

Ein Eichbaum ragt am Meeresstrande.
An goldner Kette festgemacht,
Kreist rund um seinen Stamm im Sande

Ein weiser Kater Tag und Nacht.
Geht's rechts, hört man ein Lied ihn surren.
Geht's linksherum – ein Märchen schnurren.

Von Zauber ist die Bucht umschauert:
Der Schrat geht um, die Nixe lauert,
Tierspuren, seltsame, erscheinen
Auf fremdem, unbetretnem Pfad,
Ein Häuschen steht auf Hühnerbeinen,
Das weder Tür noch Fensten hat.
Durch Wald und Sumpf Gespenster jagen;
Und wenn die Wellen donnernd schlagen
Im Frührot auf den Ufersand,
Da mag den Bart der Meergott zeigen,
Da sieht man dreißig Recken steigen
Geharnischt an den öden Strand.
Da mag der Königssohn besiegen
Den Zaren, der sein Volk gequält,
Der Zaubrer durch die Wolken fliegen
Weit über Meere, Wald und Feld,
Und mit ihm fliegt der wackre Held.

Da sieht man die Prinzessin traurig
Im Turm. vom treuen Wolf umhegt.
Den Mörser mit der Hexe schaurig
Umgehn, von Zauberhand bewegt,
Nach Gold den Geizhals sterbend gieren;
Alt-Russlands Geist kann man dort spüren!
Auch ich war dort, hab Met getrunken,
Saß unterm grünen Eichenbaum,
Dem Kater lauschend, ganz versunken
In alter Märchen Wundertraum.
Das schönste – sollt ich es verhehlen? –
Will ich euch frank und frei erzählen...
Von Helden aus dem Altertum,
Von grauer Vorzeit gibt es Kunde.
Besonnt von seiner Taten Ruhm,
Saß zechend in der Tafelrunde
Der Söhne und der Freunde all,
Der Fürst Wladimir froh beim Mahl;
Den Metkrug schwenkte er, den schweren,
Die Tochter würdevoll zu ehren
Und ihren fürstlichen Gemahl,

Д. Буторин с. Палех. 1934

Getraut nach väterlicher Wahl.
Wenn unsre Ahnen festlich speisten,
Dann musste es vergnüglich sein.
Schöpfkellen, Silberschalen kreisten
Mit goldnem Bier und edlem Wein.
Geruhsam tranken sie und flössten
Sich Heiterkeit ins Herz hinein.
Die Diener schenkten allen Gästen
Mit Ehrerbietung ständig ein.

Schon schwoll der Lärm im Saal, als plötzlich
Wohltönend männlicher Gesang
Und süßes Saitenspiel ergötzlich

Durch das Gewirr der Reden drang.
Still war's auf einmal, jeder hörte
Andächtig zu, wie der Bajan
Gott Lel zum Klang der Gusli ehrte,
Ludmila rühmte und Ruslan.

Indes vor Liebe fast verschmachtend
Und Trank wie Speise ganz missachtend,
Den Schnurrbart zupfend, blickt Ruslan
Voll Ungeduld die Liebste an,
Seufzt dann und wann aus tiefster Seele,
Als ob er die Minuten zähle.
Unweit mit finsterem Gesicht,
Daraus nicht minder Missmut spricht,
Sieht man am Tisch drei junge Ritter.
Auch ihre Krüge stehen leer.
Und Speis und Trank dünkt ihnen bitter.
Noch weniger schenken sie Gehör
Des weisen Barden Ruhmgesängen.
Sie schweigen, blicken keinen an.
Was mag die drei hier so bedrängen?

Hass, Eifersucht hält ganz im Bann
Die Nebenbuhler von Ruslan!
Rogdai, der erste, er bewährte
Als Held sich oft, mit seinem Schwerte
Hat Kiews Reich er groß gemacht.
Farlaf, der zweite – ist ein frecher
Schreihals – zwar unbesiegt als Zecher,
Doch keine Leuchte in der Schlacht.
Der dritte, feurigste von ihnen,
Ist der Chasarenchan Ratmir:
Für diese drei – in ihren Mienen
Liest man's – blüht keine Freude hier.

Das Fest ist aus und reihenweise
Erhebt sich alles rings im Kreise
Und heftet auf das Paar den Blick:
Die Braut, die Lider niederschlagend,
Steht wie in banger Furcht verzagend,
Ruslan jedoch strahlt jetzt vor Glück.
Die holde Nacht, den Liebespaaren
Geneigt, warf längst den Mantel aus;
Vom Met sind schläfrig die Bojaren,
Verbeugen sich und ziehn nach Haus.
Der Bräutigam umfängt mit Blicken
Die Schöne schon so voll Entzücken,
Als wollt er sie verschlingen gar.
Doch muss er Zügel sich anlegen.
Seltsam bewegt, gibt seinen Segen
Zuvor der Fürst dem jungen Paar.

Geleitet bis zur Tür, entschwindet
Ins Lustgemach alsdann die Braut;
Löscht aus die Leuchter ... Lei entzündet
Sein Licht nun, bis der Morgen graut.
Die süßen Hoffnungen erfüllen
Sich endlich, und die Liebe schenkt,
Was sich verbirgt noch hinter Hüllen,
Die sie nun abzustreifen drängt.
Geflüster hört man sich erheben,
Verliebte Küsse werden laut
Und dann das letzte Widerstreben
Der jungfräulichen, keuschen Braut...
Der Vorgeschmack der höchsten Wonnen
Hat für den Gatten kaum begonnen,
Als jäh ein Blitz durchzuckt die Nacht,
Ein Donnerschlag herniederkracht,
Der alles zittern macht und beben.
Lels Licht erlischt, Rauch wallt empor,
Dann Dunkel, finstrer als zuvor.
Am Boden liegt, wie ohne Leben,
Ruslan – in schwarzer Nebelhülle,
Bis jählings dann die Finsternis
Zweimal ein grauser Ruf zerriss.
Und wieder Schweigen, Grabesstille.
Ruslan, auf dem der Schreck noch lastet,
Erwacht, ruft nach der Liebsten laut und tastet
Nach ihr im Raum von Wand zu Wand,
Schweißtriefend mit entsetzter Hand.
Umsonst, geraubt ist sie ohn Zweifel
Von bösen Geistern, gar vom Teufel!
Nur leere Luft war's, was er fand.
Wenn ein Verliebter hoffnungslos
Aufgeben muss sein Liebesstreben,
Ist seines Herzens Trauer groß.
Doch wird ihm nicht gleich leid das Leben.
Wer aber, die er sich erwählt,

Um die er litt seit tausend Tagen,
Beseligt schon im Arme hält
Und jäh verliert... kann er's ertragen?
Gibt's, Freunde, größre Herzensnot?
Ich glaub, ich selbst war lieber tot!

Ruslan jedoch war noch am Leben.
Erfahrt nun, was der Großfürst tat:
Als er gehört, was sich begeben,
Versammelte er seinen Rat,
Um seinen Eidam zu befragen:
»Wo ist Ludmila?« – Zorn und Schmerz
Ließ seine Stimme fast versagen,
Dem Eidam stockte gar das Herz.
Stumm stand er wie ein reuiger Sünder.
Da rief der Alte: »Freunde, Kinder,
Wer sich in meinem Dienst nicht schont,
Ihr wisst's, der ward stets hoch belohnt!
Doch wehe dir, du Bösewicht,
Auf ewig muss ich dich verfluchen,
Der selbst sein Weib beschützte nicht!
Nun frag ich euch: Wer wagt's, zu suchen
Mein Töchterchen? – Der, dem's gelingt,
Dass er sie heil mir wiederbringt,
Ihm geb ich sie zum Weib – zugleich
Vermach ich ihm mein halbes Reich!...«
»Ich!« riefen wie aus einem Munde
Ruslan, Rogdai, Farlaf, Ratmir:
»Wir satteln noch zur selben Stunde
Die Pferde! Ja, bereits sind wir,
Die ganze Erde zu durchreiten.
Nicht lange, Vater, währt dein Schmerz!
Bald wirst du deine Arme breiten,
Die Tochter drücken an dein Herz!«
Gerührt sah man die Hand ausstrecken
Den Greis, stumm dankend den vier Recken.
Gemeinsam mit den andern machte
Ruslan sich auf in tiefem Gram.
An nichts als die Verlorne dachte
Er voller Schuldgefühl und Scham.
Kaum dass die Rosse sie bestiegen,
Sah man am Dnepr sie hinfliegen,

Gar bald, von Staubgewölk verhüllt,
Fortwirbeln in die Ferne wild...
Der Alte aber hat noch lange,
Als auch der Staub schon war verweht,
Die Reiter segnend hoffnungsbange,
Stumm übers leere Feld gespäht.
Ruslan ritt schweigend, fast erstickend
In seines heißen Herzens Harm.
Farlaf, hochnäsig um sich blickend,
Folgt ihm und prahlt, gestemmt den Arm
Stolz in die Hüfte, kühn, verwegen:
»Ich riss mich los nur mit Gewalt
Und hoffe, dass wir nun recht bald
Den Riesen treffen und erlegen!
Für seinen Frevel soll er büssen!
Längst freut sich drauf mein scharfes Schwert,
Das Blut des Unholds zu vergießen!
Vor Kampflust wiehert schon mein Pferd!«

Auf seinem Rosse tanzt indessen
Ratmir, umarmt bereits im Geist
Ludmila, leidenschaftbesessen;
Die Hoffnung macht ihn keck und dreist:
Er zwingt den Renner, der schon schäumt,
Die tollsten Sprünge auszuführen,
Vor und zurück zu galoppieren,
Reißt ihn am Zaum, dass er sich bäumt.
Rogdai hüllt sich in tiefes Schweigen,
Die Ungewissheit macht ihm Pein,
Möcht seine Eifersucht nicht zeigen
Und scheint doch recht erregt zu sein,
Wirft ungesehen dann und wann
Finstere Blicke auf Ruslan.
Die grimmen Nebenbuhler ritten
Mitsammen so den ganzen Tag.
Schon war die Nacht herabgeglitten
Ins Dneprtal, das finster lag,
Von Nebelschwaden überzogen.
Zu rasten war es Zeit schon lang,
Als sie in einen Kreuzweg bogen,
Der um den Uferhang sich schlang.
Hier ward die Trennung schnell beschlossen;
Nach kurzem Gruß und Abschiedswort
Entschwanden sie auf ihren Rossen
Nach Ost und West und Süd und Nord.

Was sinnst du jetzt, du vielgetreuer,
Vom Glück verlassener Ruslan?
Dünkt dich die grause Hochzeitsfeier,
Ludmila selbst nur noch ein Wahn?
Da schleichst du durch die öde Stille,
Den Helm tief in die Stirn gedrückt,
Schlaff auf des Pferdes Hals gebückt!
Wo ist dein Glaube, wo dein Wille?
Ziellos mit ganz verzagter Seele
Irrt Held Ruslan so durch die Nacht,
Als jäh am Hang aus einer Höhle
Ein Lichtschein schimmert. Mit Bedacht
Tritt er in das Gewölbe ein.
Alt wie die Schöpfung schien's zu sein.
Was wird sein Auge dort erblicken?

War es ein Traum? Beim Kienspan saß
Ein Greis dort, der, gebeugt den Rücken,
In einem alten Buche las.
Umrahmt von grauem Bart und Haar
Ist sein durchfurchtes Angesicht.
Sein Blick ruht freundlich, seltsam klar
Nun auf Ruslan, indem er spricht:
»Sei mir willkommen, lieber Sohn!
Vom Leben Abschied nehmend, hause
Ich an die zwanzig Jahre schon
Allein in dieser düstren Klause.
Nimm Platz! Dies ist der Tag, Ruslan,
Den ich vorausgesehen habe.
Betracht es als des Himmels Gabe,
Dass du mich trafst, und hör mich an:
Konnt man dir auch Ludmila rauben,
Verlier darum nicht allen Glauben!
Jäh schlug das Schicksal auf dich ein,
Nicht ewig wird es feind dir sein!
Geh mutig deinem Ziel entgegen,
Besiegen wirst du jede Macht!
Vorwärts! Und bahne kühn verwegen
Den Weg dir durch die dunkle Nacht!

Der es gewagt, dich zu verhöhnen,
Ist Tschernomor, ein böser Zwerg,
Bekannt als Räuber vieler Schönen.
Er haust in einem Zauberberg.
Sein Reich hat seltsame Gemächer,
Kein Recke drang bisher dort ein.
Doch dir gelingt's, du wirst der Rächer
Der Ränke dieses Wichtes sein!
Er fällt durch deine Hand, glaub mir!
Mehr darf ich heut dir noch nicht sagen:

Dein künftiges Glück liegt nun bei dir,
Du musst nur furchtlos alles wagen.«

Dem Alten vor die Füße fiel
Der Fürst und küsste ihm die Hände.
War er auch längst noch nicht am Ziel,
Schien seiner Qual doch bald ein Ende.
Doch eben noch darob beglückt,
Erbleichte er erschreckt aufs neue.
Der Alte sah's und sprach: »Befreie
Dich von der Furcht, die dich bedrückt!
Nie wird's dem Zauberer gelingen,
Der nur ein Zwerg ist und kein Mann,
Ludmilas Liebe zu erringen!
Sinnlos ist deine Angst, Ruslan!
Ob Mond und Sterne auch erbeben,
Wenn er nur pfeift – ihm fehlt die Kraft,
Die Jugend sich zurückzugeben.
Die Zeit trotzt seiner Wissenschaft.
Nichts kann er, als die Jungfraun quälen,
Die grausam er gefangenhält,
Stets wacht er nur vor ihren Zellen,
Von Eifersucht allein beseelt.
So schleicht er nur herum voll Sorgen,
Verflucht sich selbst und grollt und droht...
Doch, Fürst, es dämmert bald der Morgen,
Längst tut dir Schlaf und Ruhe not.«

Aufs Moos streckt sich Ruslan nun nieder
Beim Feuer, das nur schwach noch brennt;
Schlaf aber ist ihm nicht vergönnt.
Ruhlos wälzt er sich immer wieder
Herum. – Umsonst! – Schon ganz verzagt
Seufzt er: »Ach, Vater, grausam nagt
In mir, nicht länger zu ertragen,
Beklommenheit! Kein Schlaf erquickt
Den, der vor Kummer fast erstickt.
Drum lass uns plaudern, lass dich fragen:
Wer bist du, den das Schicksal mir
Als Freund beschert hat und Berater?
Was trieb, verehrungswürdiger Vater,
Dich her in diese öde hier?«

Weh lächelte der Greis, nach innen
Gekehrt den Blick, und sprach: »Mein Sohn,
Ich stamme aus dem Land der Finnen.
Vor langer Zeit verließ ich's schon.
Wie liebte ich die Heimaterde,
Die Höhlen auf den Felsenhöhn,
Die Eichenwälder, Bäche, Seen!
Als Jüngling zog ich mit der Herde
Der Dörfer rings durch Berg und Tal,
Zwar arm, doch ohne Sorg und Qual.
Für immer aber so in Frieden
Zu leben war mir nicht beschieden.
Unweit von unserm Dorf erblühte
In stiller Abgeschiedenheit
Naïna, eine schöne Maid,
Für die mein Herz sogleich erglühte,
Als ich sie sah zum erstenmal.
Es war an einem Sommermorgen.
Ich trieb die Herde sonder Sorgen
Sackflöteblasend just zu Tal.
Sanft plätscherte im Sonnenglanz
Der Fluss, als sie am Ufer stand,
Die Schöne, und sich träumend wand
Aus Wiesenblumen einen Kranz.
Ja, Fürst, da war's um mich geschehen,
Ich musste ihr ins Auge sehen,
Ich fühlte, sie war mein Geschick.
Für meinen also kühnen Blick
Ward mir als einzige Belohnung
Der Traum von höchster Liebe Glück,
Und – ihre Qual ohn alle Schonung.
Denn als ich schüchtern ihr, voll Bangen,
Entdeckt ein halbes Jahr darauf
Mein Herz, mein sehnlichstes Verlangen,
Nahm sie's nur mit Gelächter auf.
Sie schien sich selber nur zu lieben
Und sagte kalt mir ins Gesicht,
Als wär's ihr gleich, mich zu betrüben:
›Nein, kiemer Hirt, ich lieb dich nicht!‹
Vergällt war mir das ganze Leben,
Im Walde irrt ich ohne Ziel,
Sinnlos schien mir der Hirten Spiel,
Da war nichts mehr, mir Trost zu geben.
Daheim hielt ich's nicht länger aus,
Es zog mich in die Welt hinaus,
Wollt fern dem kalten Land der Finnen
Als Seemann kreuzen übers Meer,
Als Kriegsheld mir mit Ruhm und Ehr

Naïnas stolzes Herz gewinnen.
Ich rief die tapfren Fischer auf,
Zu Abenteuern auszufahren.
Zum erstenmal zu uns herauf
Kam Kunde grad in jenen Jahren
Vom Kampftumult in fernem Land,
Wo mancher Gold und reiche Beute
Im Streit mit fremden Völkern fand.
Mit einem Heerbann wackrer Leute
Bin ich, geschwellt von Kampfesmut,
Alsdann auf Kriegsfahrt ausgezogen
Und färbte Schneegefild und Wogen
Zehn Jahr lang mit der Feinde Blut.
Der Ruhm der Recken aus dem Norden
War allbekannt in kurzer Zeit,
Es flohn der fremden Zaren Horden
Vor unserer Verwegenheit.
Wir teilten, wie sich's ziemt bei Freunden,
Tribute bis zum letzten Rest,
Versöhnten mit geschlagnen Feinden
Uns ritterlich beim Siegesfest.
Doch musst ich selbst im Lärm der Schlachten
Naïnas denken unverwandt.
Die Sehnsucht ließ mich fast verschmachten
Nach ihr und meinem Heimatland.
Zur Rückkehr war ich drum entschlossen
Und sprach zu meinen Kampfgenossen:
›Hängt, Freunde, euer Panzerhemd
Zu Hause friedlich an die Wände!
Die Feinde haben wir gezähmt!‹
Zufrieden, dass der Krieg zu Ende,
Und fröhlich ob der Wiederkehr,
Flog mit gewältigen Ruderschlägen
Die stolze Flotte übers Meer
Der heimatlichen Bucht entgegen.

Der Traum, der mich so lang gequält,
Nun sollt er in Erfüllung gehen;
Die Liebste sollt ich wiedersehen,
Von süßer Freude tief beseelt!
Noch hör die Freundinnen ich stöhnen
Neidvoll, als vor der stolzen Schönen
Ich wie ein Sklave niedersank,
In meiner Liebe Überschwang
Mich kaum beherrschte, sie zu küssen,
Mein Schwert, noch rot von Feindesblut,
Korallen legte ihr zu Füßen
Und Gold und Perlen als Tribut.
Doch Spott nur musste ich erfahren,
Kalt lachte sie mir ins Gesicht
Und sagte stolz so wie vor Jahren:
›Nein, großer Held, ich lieb dich nicht!‹
Wozu noch mehr davon berichten!
Ich fühle, mir versagt die Kraft.
Ihr Hochmut zwang mich zu verzichten,
Verdorrt ist Lieb und Leidenschaft.
Denk ich, wie ich gelitten hab
Dereinst durch diese kalte Schöne.
Rinnt mir, nun da ich nah dem Grab,
Oft in den Bart noch eine Träne.
Doch hör: In meinem Heimatland,
Am einsam öden Meeresstrand,
Hat unter Fischern sich erhalten
Der Glaube noch an Spukgestalten.
Da mögen wohl im ewigen Schweigen
Der Wälder sich gespenstig zeigen
Grauhaarige Zaubrer dann und wann.
Allwissenheit ist ihnen eigen,
Und ihren Ruf hört jedermann,
Entsetzlich hallt er in der Stille.
Was war, was wird. Befiehlt ihr Wille.
Dem Tod und Liebe Untertan.

Auch ich, verzweifelt und verdrossen,
Hab eines Tages mich entschlossen,
Naïnas stolzen, kalten Sinn
Durch Zauberkünste zu entzünden.
Der Hexerei gab ich mich hin
Und lebte in den finstren Gründen
Der Wälder ganz in Einsamkeit
Als Zauberlehrling lange Zeit,
Ich kann nicht sagen, wieviel Jahre,
Bis eines Tages mein Verstand
Das grauenhafte, wunderbare
Geheimnis der Natur erkannt,
Die Kraft, die Geister zu beschwören
Und Frauenherzen zu betören.
Jetzt, dacht ich, wird Naïna mein!
Jetzt werde ich der Sieger sein!
Jedoch, mein Schicksal sollte siegen,
Ich sollte elend unterliegen.

Von Hoffnung war die Brust geschwellt,
Wild hörte ich mein Herze pochen,
Kaum aber hatt ich ausgesprochen
Mein Zauberwort, da kam geschnellt
Ein Feuerpfeil, der zischend, sausend
Ganz nah an mir vorüberstob,
Der Boden bebte, als sich brausend
Ein wilder Wirbel drauf erhob.
Wie von dem Wirbel ausgespien,
Gebrechlich, bucklig von Gestalt,
Sitzt eine Hexe, grau und alt,
Jählings vor mir – die Augen glühn
In düstren Höhlen sonderbar.
Ich sah die Hexe vor mir hocken,
Sprachlos, bis ich, zu Tod erschrocken,
Begriff, dass es Naïna war!...
Doch weil der Anblick mich verwirrte,
Rief ich ihr, falls ich mich doch irrte,
Erstickt von Tränen, fragend zu:
›Ist's wahr, Naïna, das bist du?
Wer hat die Schönheit dir genommen,
Naïna, tat die Zeit dir dies?
Bin grad zur Welt zurückgekommen,
Weiß nicht mehr, wann ich dich verließ,
Wann diesem Leben ich entfahren...‹
Da sprach die schreckliche Gestalt:
›Das war genau vor vierzig Jahren!
Ich bin heut siebzig Lenze alt!
Schnell sind die Jahre mir entflogen,
Des Lebens Frühling ist vorbei,
Das Alter hat uns krumm gebogen.
Was tut's? Ich seh, du bliebst mir treu.
Treulos sind nur die Jugendjahre,
Da stösst man sich die Hörner ab.
Und wenn ich heut auch graue Haare
Und einen kleinen Buckel hab,
Wenn ich, wie in vergangnen Tagen
Nicht mehr so frisch und reizvoll bin –
Hier steht Naïna – lass dir's sagen –
Vor dir als eine Zauberin.‹
Da stand ich selber stumm und starr,
Hab sie entsetzt nur angegafft.
Was war ich für ein armer Narr
Mit meiner Hexenmeisterschaft!
Nun war erreicht, was ich bezweckte
Mit der erworbnen Zauberkraft,

Doch, ach, in einer Greisin weckte
Ich die erwünschte Leidenschaft.
Wie greulich sie das Maul verzerrte,
Als über ewige Treu sie plärrte,
Hohl krächzend, grad wie aus dem Grab!
Was ich da ausgestanden hab!
Als sie, von Husten unterbrochen,
Mir ihre Liebe eingestand.

Hätt ich am liebsten mich verkrochen.
›Endlich hab ich mein Herz erkannt‹,
Rief sie, ›mein treuer Freund, für dich
Schlägt es voll zärtlicher Gefühle!
Vor Leidenschaft verbrenne ich!
Ich leb nur noch dem einen Ziele,
Dich zu umarmen! Küsse mich!
Komm, Liebster, komm, sonst sterbe ich!..‹
Verschmachtend blinzte sie mich an,
Und ihre dürren Finger krallten
Sich fest an meinen Rock, Ruslan,
Als wollt sie mit Gewalt mich halten.
Mir war, als griff der Tod nach mir,
Ich wagte nicht, sie anzuschauen,
Laut schrie ich auf vor Angst und Grauen,
Los riss ich mich und floh vor ihr.
Sie hinterher mit wildem Kreischen:
›Ah, du verfluchter, feiger Wicht!
Warst auf die Liebe einer keuschen
Jungfrau seit Jahr und Tag erpicht.
Doch jetzt, nachdem du sie errungen
Und es um meine Ruh geschehn,
Wagst du's, sie plötzlich zu verschmähn!
Durch Täuschung nur ist dir gelungen,
Du Scheusal, diese Übeltat!
Des Mannes Name ist Verrat!

O Schande! Und ich glaubte dir...
Doch büssen sollst du mir dafür!‹
Weltabgewandt verbring ich hier
Seitdem in Einsamkeit mein Leben.
Die Freude an der Weisheit nur,
Die Schönheit, Stille der Natur
Vermögen Trost mir noch zu geben.
Im Grabe ruh ich bald, indessen
Hat dieses Hexenweib bis heut,
Was sie einst schwor, noch nicht vergessen.
Aus später Gier und schnödem Neid
Sinnt weiterhin der alte Drache,
Feind allen Liebenden, auf Rache.
Ruslan, so hasst dies Weib auch dich,
Verschworen ist sie ganz dem Bösen!
Doch wird der Himmel sicherlich
Uns eines Tags von ihr erlösen!«

Dem Fürsten war von dem Bericht
Des Alten nicht ein Wort entgangen.
Die Schläfrigkeit bezwang ihn nicht,
Obwohl des Frührots Strahlen drangen
Schon in der Höhle Dämmerlicht.
Dann trat er in des Morgens Helle,
Von neuem Mut erfüllt die Seele.
Froh sagte er dem Alten Dank,
Umarmte innig ihn und schwang
Sich auf sein Ross, das ihn vermisste
Schon lang und wiehernd nun begrüßte.
»Leb wohl, und lass mich nicht allein!«
Rief er und sprengte querfeldein.
»Leb wohl, bleib treu auf allen Wegen
Der Liebsten! Folge meinem Rat!«
Rief ihm der Alte nach. »Mein Segen
Begleitet dich auf jedem Pfad.«

Ihr Ritter, ewige Kampfrivalen,
Zollt blutigem Ruhme nur Tribut,
Statt Frieden wählt ihr Tod und Qualen,
Berauscht von Feindschaft, Hass und Wut!
Die Welt erstarrt vor euch in Schrecken,
Bestaunt wohl eure Mordlust stumm,

Bedauern kann sie nicht erwecken,
Und keiner kümmert sich darum.
Doch ihr Rivalen jener Sorte,
Die ihr zum Ruhm der Musen singt,
Gebt acht, dass nicht der Lärm der Worte
Das Volk nur noch zum Lachen zwingt.
Beschimpft ihr euch, tut's klug, wenn möglich.
Doch ihr, die ihr Rivalen seid
In Liebesfragen, bleibt verträglich
Und einigt euch in Freundlichkeit!
Man kann ein Mädchenherz gewinnen
Nur, wenn man's liebenswürdig tut,
Wem's nicht gelingt, der wär von Sinnen,
Wenn er darob gerät in Wut.
Rogdai, ein Mann, masslos im Hassen,
War, als die ändern er verlassen,
Von Hoffnungslosigkeit gequält.
In ödes Waldgebiet geraten,
Sann er, von Rachbegier beseelt,
Ingrimmig nur auf finstre Taten.
Ein grausam böser Geist begann
Ihm die Gedanken zu verwirren.
»Erschlagen werd ich dich, Ruslan«,
Sprach er, »nichts soll mich mehr beirren!
Zu spüren geb ich dir mein Schwert...
Ludmilas Schmerz soll mich nicht rühren !«
Und plötzlich wandte er sein Pferd,
Um wild zurückzugaloppieren.

Zur selben Stunde saß Farlaf,
Erwacht soeben aus dem Schlaf,
Im Schatten eines Baumes friedlich
An einem kleinen Bach allein.
Zur Stärkung nahm er ganz gemütlich
Just seinen Mittagsimbiss ein.
Doch plötzlich sprang er auf voll Schrecken.
Was war's, was mochte er entdecken?
Grad auf sich zu sah einen Recken
Zu Ross er rasen übers Feld!
Speer, Panzer, Handschuh, Helm, erblassend,
Den Imbiss selbst im Stiche lassend,
Sprang in den Sattel flugs der Held
Und sprengte spornstreichs querfeldein.
Der andre jagte hinterdrein
Und schrie aus vollem Hals ihm zu:
»Halt! Halt, verfluchter Feigling du!

Lass dir den Schädel von mir spalten!«
Farlaf, der an der Stimme klar
Erkannt, wer sein Verfolger war,
Gab angstgekrümmt, statt anzuhalten,
Dem Gaul noch heftiger die Sporen.
Und wie mit angelegten Ohren
Ein Hase, der vom Hund gehetzt.
Geduckt quer durch die Wiesen wetzt,
So raste er durch Feld und Wald,
Am Hals des Pferdes festgekrallt.
Durch Wasserlachen geht's, o weh,
Durch Tümpel von geschmolznem Schnee,
Und dann kreuzt seinen Fluchtweg plötzlich
Ein Graben, ganz voll Schlamm, entsetzlich!
Das Ross saust mit gesträubter Mähne,
Gestreckt den Schweif, gebleckt die Zähne,
Drauflos und schwingt sich drüber weg.
Farlaf schnellt hoch und – fliegt vom Pferde,
Versackt, den Kopf voran, im Dreck.
Nicht Himmel sieht er mehr noch Erde
Und ist schon auf den Tod gefasst,
Denn grad vom Hang herunter rast
Rogdai und schreit, das Schwert gezückt:
»Stirb, schmutziger Feigling, geh zugrunde!«
Doch staunend, starr, mit offnem Munde,
Stand er, als er Farlaf erblickt.
Enttäuscht ließ er das Mordschwert sinken,
Verärgert war er und verwirrt,
Musst er sich wie ein Narr doch dünken
Darob, dass er sich so geirrt.
Schnell wandte er sich weg vom Graben,
Da Scham ihn neu in Wut gebracht,
Doch hätt er dann im Weitertraben
Beinah sich selber ausgelacht.

Am Weg, der um den Berg sich wand,
Saß vor ihm plötzlich eine bleiche
Uralte Frau, wie eine Leiche
So welk und fahl. – Sie hob die Hand
Und wies mit ihrem Stab nach Norden.
»Dort triffst du, den du möchtest morden!«
Sprach sie. – Rogdai war hoch erfreut
Und sprengte fort, zum Tod bereit.
Farlaf indessen lag noch immer
Im Graben, hob den Kopf nur hoch
Und dachte zitternd: Leb ich noch,
Und wo ist jetzt mein Feind, mein grimmer?
Da hört er krächzen über sich
Das Hexenweib: »Erhebe dich!
Hier ist dein Pferd, mein junger Held!
Kein Feind ist mehr zu sehn im Feld!
Hör mir gut zu, ich sag dir nun,
Was du in Zukunft hast zu tun.«
Dem Graben ungern nur entsteigend,
Erhob sich aus dem Modergrund,
Mit Dreck beschmiert, der Fürst. – Beäugend
Vorsichtig erst das Feld im Rund,
Seufzt er: »Gottlob, ich bin gesund!«

Da fuhr die Alte fort: »Wohl schwerlich
Erreichen wir Ludmila jetzt.
Sie ist weit weg, zudem gefährlich
Wär's auch für dich dort nicht zuletzt.
So in der Welt herumzureiten,
Das gilt dir kaum als großes Glück.
Drum hör auf meinen Rat beizeiten:
Kehr heimlich in dein Dorf zurück!
Ludmila wird dir nicht entgehen,
Du wirst sie sicher wiedersehen!
Bei Kiew in der Einsamkeit
Leb unterdes ohn Sorg und Leid!«

Sprach's und verschwand. – Und unser Held
War klug genug, um heimzukehren.
Gefahr nur barg die böse Welt,
Zu hoch schien ihm für Ruhm und Ehren,
Ja, für Ludmila selbst der Preis.

Er konnte seiner Furcht nicht wehren,
Ließ sich im Wald ein Vogel hören,
Mocht Bachgemurmel ihn aufstören,
Schon überlief ihn kalter Schweiß.

Ruslan indes streift ohne Wanken
Durch Wald und Feld, Gebirg und Tal,
Besessen nur von dem Gedanken
An sie, die seine Lust und Qual.
»Wo«, seufzt er, »werde ich dich finden,
Dass wir auf ewig uns verbinden?
Wann strahlt mir wieder dein Gesicht,
Vernehm ich. was dein Mund mir spricht?
Die Tage gehn, die Monde fliehen.
Erbarmt sich mein der Himmel nicht?
Sollst du im Kerker gar verblühen,
Gepeinigt von dem Bösewicht?
Sollt ich dich lassen den Rivalen,
Dich, die nur mir zu Recht gehört?
Zuvor soll von den Schultern fallen
Der Kopf mir und zerschelln mein Schwert.«

An einem stillen Abend lenkte
Ruslan sein Ross von einem Hang
Hinab zum Fluss, damit er's tränkte,
Als Hufgetrappel zu ihm drang
Und fernes Waffenrasseln klirrte.
Im selben Augenblicke schwirrte
Auch schon ein Pfeil an ihm vorbei,
Und gellend scholl ein wilder Schrei:
»Halt! Halt!« – Da riss herum den Zügel
Der Fürst und preschte hoch den Hügel.
Den Speer erhoben, sprengt ein Ritter
Her übers Feld ... Wie ein Gewitter
Stürmt ihm sogleich Ruslan entgegen.
»Jetzt hab ich dich!« brüllt zornesrot
Lauthals der andere verwegen.
»Mach dich gefasst auf deinen Tod!
Zu Boden strecke ich dich hier!
Such eine Braut im Jenseits dir!«
Auflodernd reckt sich wutentbrannt
Ruslan, als er den Feind erkannt...

Was dann geschah, wir werden's sehen.
Verlassen wir die Kämpen jetzt.
Ludmilas Schicksal nachzugehen,
Hab ich mir längst zum Ziel gesetzt.
Hört, Freunde, den Bericht zuvor
Vom bösen Zaubrer Tschernomor.

Gewiss hat mancher schon gedacht,
Ich hätte viel zu kurz berichtet
Damals von jener Hochzeitsnacht
Und allzu zag darauf verzichtet,
Ludmilas Schönheit auszumalen,
Eh sie, berührt kaum von der Hand
Des fiebernden Ruslan, im fahlen
Gespenstigen Nebeldunst verschwand.
Das arme, unglückliche Kind!
Als Tschernomor sie aus den Kissen
Des Hochzeitsbettes jäh gerissen,
Trug er sie wie ein Wirbelwind
Davon durch Qualm und Finsternis
Und warf sie in sein Bergverlies.
Ohnmächtig, ihm zu widerstehen,
Fand sie sich, sprachlos, zitternd, bleich,
Auf einmal in des Zaubrers Reich,
Eh sie begriffen, was geschehen.
So rasch hat sich das zugetragen
Wie der blitzschnelle Überfall
Des Habichts auf den Hühnerstall.
Wie oft sah ich an Sommertagen
Den Räuber seine Kreise ziehen.
Stolz wie ein Sultan stelzt der Hahn
Den Hennen nach, die furchtsam fliehen.
Grad will er sich der Freundin nahn,
Sie heiß umschlingen und begatten,

Da stürzt herab ein grauer Schatten.
Und eh der Ärmste sich's versehn,
Da ist das Unglück schon geschehn.
Empor schwingt sich der Bösewicht,
Schleppt fort die Henne in den Krallen,
Des Hahns Verzweiflung rührt ihn nicht,
So laut sein Wehgeschrei mag schallen.
Hoch in der Luft ist er im Nu,
Trägt seinem Felsenhorst sie zu.
Die Liebste sieht der Hahn nie wieder,
Nur ein paar Federn flattern nieder.

Die so entführte Fürstin lag
In tiefer Ohnmacht bis zum Morgen,
Gequält von Träumen voller Sorgen.
Langsam erwachend, hob sie zag
Die Lider. – Teils war ihre Seele
Von Lusterwartung noch bewegt,
Teils würgte Schrecken ihr die Kehle.
Und um sich blickend höchst erregt,
Rief sie in ahnungsbanger Qual:
»Ruslan, wo bist du, mein Gemahl?«
Doch fast bewusstlos sank sie wieder
Entsetzt in ihre Kissen nieder.
War das die traute Kemenate,
Die sie als Braut betreten hatte?
Was sie in dem Gemach erkannte,
Wie fremd, unheimlich all das schien!
Den üppigen Diwan überspannte
Prunkvoll ein seidner Baldachin,
Brokatgewebe sah sie zieren

Die Wände, Vorhänge, geschmückt
Mit goldnen Quasten und bestickt
Ganz mit Rubinen und Saphiren.
Rings züngelten aus Räucherschalen
Balsamisch zarte Dämpfe auf;
Genug! Verzichten wir darauf,
Den ganzen Zauber auszumalen,
Da besser die Scheherezade
Solch Lustgemach uns schildern kann,
Und liegt ein Mädchen ohne Mann
Darin allein, wirkt's doch nur fade.

Drei schöne Mädchen, die erschienen,
Die junge Fürstin zu bedienen,
Eilten anmutig nun herbei,
Nur leicht gewandet alle drei.
Mit ehrerbietiger Gebärde
Verneigten sie sich bis zur Erde.
Die erste flocht mit leichter Hand
Ludmilas goldne Lockenpracht
Zu einer Krone so gewandt,
So kunstvoll, wie man's heut noch macht,
Um dann die weiße Stirn der Schönen
Mit einem Perlenkranz zu krönen.
Die zweite, ebenso bescheiden
Gesenkt den Blick, trat dann heran,
Ludmilas Nacktheit zu bekleiden
Mit einem blauen Sarafan.
Was einst den ritterlichen Freier
Zur Glut entfacht, die nie gestillt,
Küsst nun ein hauchdünn zarter Schleier,
Der Brust und Schultern kaum verhüllt.
Die himmlisch schönen Füße strahlen
In leichten goldenen Sandalen.
Und einen Perlengürtel bringt
Das dritte Mädchen dann der Schönen,
Indessen hinterm Vorhang, klingt
Ein heitres Lied; und dennoch können
Kein Lied voll Scherz und Schmeicheleien,
Kein Prunkgewand und kein Geschmeid
Ludmilas armes Herz befreien
Von ihrer Angst und Traurigkeit.

Mag immer sich im Spiegel zeigen,
Wie schön sie ist, sie achtet's nicht,
Die streng geschlossnen Lippen schweigen.
Gram überschattet ihr Gesicht.

Wer sich versteht auf Frauenherzen,
Auf ihrem Grunde lesen kann,
Weiß, dass sie ihre Liebesschmerzen
Verbergen besser als ein Mann.
Vorm Spiegel kann ihr Leid vergehen,
Doch wenn ein schönes Weib vergisst,
Wie eh und je hineinzusehen,
Dann weiß man, dass sie traurig ist.

Ludmila, wiederum allein,
Ratlos in ihrer Angst und Pein,
Tritt nun ans Fenster, das vergittert.
Ganz fassungslos steht sie und zittert
In stummer Hoffnungslosigkeit.
Schneewüsten breiten endlos weit
Sich wie ein Teppich aus vor ihr.
Am Horizont, unheimlich schier,
Verfließend in der Dämmrung Hülle
Wie Wächter dieser ewigen Stille,
Eisberge, riesenhafte, ragen.
Ringsum kein Haus, kein Dach, kein Rauch,
Kein Mensch, kein Tier, kein Baum, kein Strauch,
Kein Hörnerklang von frohem Jagen.
Ein Windstoss wirbelt, heult und bellt
Nur manchmal übers tote Feld.

In Tränen bricht Ludmila aus
Vor diesem Anblick voller Graus,
Bedeckt die Augen mit den Händen
Und seufzt: »Wie wird das alles enden?«

Kaum in den Raum zurückgewandt.
Hört sie Musik, und dicht vor ihr,
Geöffnet wie von Geisterhand,
Tut auf sich eine goldne Tür.
Sie wusste nicht, wie ihr geschah...
Welch andrer Anblick bot sich da!
Ein Park dem Paradiese gleich,
Weit herrlicher noch als die Gärten,
Die König Salomon gehörten,
Und jene in Armidas Reich.
Da sah sie alte Eichen grünen,
Lorbeer- und Myrtensträucher stehen,
Gereiht an prächtigen Alleen,
Zedern und goldne Apfelsinen
Sich widerspiegeln in dem Spiegel
Der sanften Teiche, stillen Seen.
Und Hain und Garten, Tal und Hügel,
Im frischen Frühling just erblüht,
Sind eingehüllt in selige Träume.
Leis flüstert nur das Laub der Bäume,
Wenn drüberhin ein Windhauch zieht,
Die Nachtigall anstimmt ihr Lied.
Fontänen sprühn empor und flimmern
Wie Diamanten blitzend klar,
Anmutige Marmorstatuen schimmern,
So lebensvoll sind sie fürwahr,
Dass Phidias selbst, könnt er sie sehen,
Den eignen Meißel möcht verschmähen.
Und ringsum rauscht's von silberhellen,
Stets ruhelosen Wasserfällen,
Die schäumend auf den Marmorschwellen
Zu diamantnem Gischt zerschellen.
Einschläfernd laden kleine Quellen
Im stillen, schattig-kühlen Hain
Mit dem Gemurmel ihrer Wellen
Den Wanderer zum Rasten ein.
In süßen Träumen und Gedanken
Könnt sorglos man sich hier ergehn,
Ausruhen unter Rosenranken
In Lauben, die am Wege stehn.
Doch aller Zauber der Natur
Gering gilt er Ludmila nur.

Weht Blumendüfte noch so köstlich
Ihr zu der zarte Maienwind,
Sie irrt, in ihrem Gram untröstlich,
Durch dieses Paradies wie blind.
Und hoffnungslos, gesenkt die Lider,
Lässt sie den Tränen freien Lauf,
Blickt nur anklagend hin und wieder
Zum gnadenlosen Himmel auf.
Doch weiten sich die Augen plötzlich,
Sie presst die Finger auf den Mund,
Als sei ein Plan, toll und entsetzlich.
Gereift in ihrer Seele Grund.
Und – sie betritt die kleine Brücke,
Die vor ihr liegt... Ist's ihr Entschluss.
Sich zu entziehn des Schicksals Tücke,
Will sie sich stürzen in den Fluss?
Verzweifelt steht sie, händeringend,
Und starrt ins kalte Wellengrab...
Nichts bleibt mehr, als hinabzuspringen!
Doch – schaudernd wendet sie sich ab.
Die Füße schmerzten schon der Schönen,
Zu lang lief sie bereits umher.
Der Sonne müde. müd der Tränen,
Empfand sie Hunger mehr und mehr.
Kaum hatte sie, um Rast zu halten,
Sich einen Platz im Gras gewählt,

Sah sie zu Häupten sich entfalten
Durch Zauberhand ein luftiges Zelt,
Das schützend vor den Sonnenstrahlen
Sie rings umgab erfrischend kühl.
Und während zartes Harfenspiel
Anhub, ward auf kristallen Schalen
Von gleichfalls unsichtbaren Händen
Kredenzt vor ihr ein leckres Mahl,
So reich wie von erlesner Wahl.
Ludmilas Staunen wollt nicht enden.
Doch dachte sie: Sollt ich vergessen
Des Liebsten und hier fröhlich essen?
Nein, unsichtbarer Bösewicht,
Magst noch so feurig mich umwerben,
Ich spotte dein und esse nicht!
Ludmila weiß mit Stolz zu sterben!
Dein Zelt, dein Lied, dein Festtagsschmaus
Und all dein Prunk sind mir ein Graus.
Glaubst du, das reizt mich? Nein! Mitnichten!
Mit Freuden will ich drauf verzichten,
Und wär's mein Tod ! – Das ist kein Spaß!
So dachte sie, griff zu und – ass...

Gesättigt steht sie auf und sieht:
Kristall und Zelt sind jäh versdiwunden,
Verklungen ist das Harfenlied,
Und weiter irrt sie wie seit Stunden
Im Park umher von Hain zu Hain.
Die Dämmerung senkt ihre Flügel
Hernieder schon auf Tal und Hügel,
Herauf steigt schon mit sanftem Schein
Der goldne Mond, der Fürst der Nacht.
Ringsum ist alles eitel Friede –
Ludmila nun, unsagbar müde,
Wird jäh von unsichtbarer Macht,
Kaum spürbar, sanft emporgehoben
Und fliegt, entschlummert wie ein Kind,
Im Traume durch die Lüfte droben
Davon, als trüge sie der Wind.
Alsdann, noch halb vom Duft der Rosen
Betäubt, kam der Besinnungslosen
Allmählich das Bewusstsein wieder,
Als sacht die Hand, die sie erfasst,
Sie auf den Diwan legte nieder
In dem vergitterten Palast,

Und die drei Mädchen wiederum
Erschienen, ehrerbietig stumm,
Um ihr zu helfen aus dem Kleide
Und abzunehmen das Geschmeide,
Wobei ihr schmerzerfüllter Blick
Verriet, dass sie das Missgeschick
Der armen Fürstin tief beklagten,
Wenn sie sich Worte auch versagten.
Doch stellen wir uns lieber vor –
Die Schönheit wir zu schätzen wissen –
Wie sie schlaftrunken in die Kissen
Hinsank, nur leicht umhüllt vom Flor
Des Nachtgewands, mit nackten Füßen...
Und doppelten Respekt bezeigten
Die Mädchen, als sie sie verließen,
Indem sie eiligst sich verneigten.
Um lautlos dann die Tür zu schließen...
Was ward aus der Gefangnen nun?
Ist ihr im Schlaf jetzt auszuruhn
Endlich vergönnt? – Ach, wie ein Blatt
Bebt sie auf ihrer Lagerstatt!
Durchs Dunkel starrt sie nun zur Tür,
Verkrampft die Finger, die eiskalten,
Und lauscht, den Atem angehalten,
Bang in das tödlich düstre Schweigen,
Hört schon Geflüster, sieht schon dreist
Begehrlich übers Bett sich neigen
Den unsichtbaren bösen Geist.
Vergeblich ist's, sich unter Decken
Und Kissen zitternd zu verstecken!
Was sie gehört, es war kein Wahn!
Der Lärm, die Stimmen draußen nahn!
Auf springt die Tür, ins Dunkel bricht
Auf einmal blendend grelles Licht!
Paarweise mit gezücktem Schwerte
Kam anmarschiert ein stolzer Zug
Von Mohren, der ein Kissen trug.
Drauf lag der wie ein Gott verehrte
Drei Meter lange, graue Bart –
Ein Prachtstück wohl in seiner Art,
Der dem bemützten Zwerg gehörte,
Dem Buckligen, den man entdeckte
Am Schwanz des Zugs, wenn er sich reckte.
Schon nahte sich des Bartes Spitze.
Angstschlotternd sprang die Fürstin schnell
Aus ihrem Bett, griff bei der Mütze
Den Zwerg und schrie so schrill und grell,
Die Faust erhoben, dass die Mohren,
Betäubt, fast den Verstand verloren.
Der Zwerg selbst hielt sich zu die Ohren
Und krümmte zitternd sich vor Schreck,
Bleich wie die Fürstin vor Entsetzen,
Versuchte er, schnell zu entwetzen,
Doch kam er gar nicht erst vom Fleck,
Da er sich in den Bart verstrickte,
Der plötzlich ihm die Beine knickte,
Hin fiel er, währenddem der Schwarm
Der Mohren wild zur Türe rannte,
Wobei fast noch ein Kampf entbrannte.
Den Zwerg nahm einer untern Arm,
Um draußen zu entwirrn den Knäuel
Und zu beenden diesen Greuel.
So blieb Ludmila im Besitze
Der Tschernomor entrissnen Mütze.

Orlowski, greif zur Zeichenfeder,
Um nun gebührend auszumalen
Den Kampf der fürstlichen Rivalen,
Die – längst erwartet das wohl jeder –
Damals grad zogen wild vom Leder.
Nacht war's, und nur beim fahlen Licht
Des Mondes kämpften sie erbittert,
Ob Speer und Schwert in Stücke bricht,
Ob krachend Schild an Schild zersplittert,
Ob Helm und Panzer blutbefleckt,
Im Sattel sitzen fest die Reiter.
Sein Ross anspornend, ungeschreckt
Kämpft jeder mit den Händen weiter.
Im andern keuchend festgekrallt,
Will er den Feind herunterreißen
Und zähneknirschend, grausam kalt,
Vor seines Pferdes Hufe schmeißen.
In ihren Adern kocht das Blut,
Die Kiefer sind verkrampft vor Wut.
Von dem entsetzlichen Getümmel
Wölkt schwarzer Staub sich hoch zum Himmel.
Doch beide scheinen bald erschlafft,
Der eine fängt schon an zu wanken,
Da reißt mit letzter Willenskraft
Der andre ihn mit Eisenpranken
Vom Pferde, stemmt ihn hoch und brüllt:
»Den Fischen sollst du dich gesellen!«
Und wirft den Gegner grimmig wild
Vom Ufer in des Stromes Wellen.

Mein Freund, dir wurde wohl beim Lesen,
Wer der Besiegte war, schon klar.
Natürlich ist's Rogdai gewesen,
Der Kiews große Hoffnung war,
Der Kampf, Gefahren suchte nur
Und kühn Ludmilas Herz begehrte,
Sie zu erringen, mit dem Schwerte
Nachjagte des Rivalen Spur,
Sich auf ihn warf, jedoch zum Schluss,
So sieggewohnt er war, den Schlägen
Ruslans, des Stärkeren, erlegen,
Sein Ende fand im Dnepr-Fluss.
Noch heute hört man dort vermelden,
Dass eine Nixe Kiews Helden,
Als er ins kalte Wasser fiel,
Umarmte lachend wie im Spiel,

Ihn gierig küsste auf den Mund,
Um ihn für alle Ewigkeiten
Ins Reich der Feen zu geleiten
Hinunter auf des Stromes Grund.
Doch weiter – heißt es – geht der Recke
Noch als Gespenst um, steht auf Wacht
Am Dnepr-Ufer und erschrecke
Einsame Fischer in der Nacht.

Man sagt, mein Vers, du spielst Verstecken,
Willst nur dem Freund verständlich sein ...
Ja, Neider gibt's, die drin entdecken
Anspielungen und Spötterein.
Erlaubte sich doch schon zu fragen
Solch ein gehässiger Kritikus:
»Was will der Dichter damit sagen,
Was brachte ihn zu dem Entschluss,
Ludmila – Jungfrau nur zu nennen,
Sie, die Ruslans Gemahlin war?
Und wie soll man sich deuten können,
Dass er sie ›Fürstin‹ heißt sogar?«
Nein, Zoilus, zu deutlich spiegelt
Sich deine schwarze Bosheit hier!
Du sinnst Verrat und hast's besiegelt!
Kein Wort geb ich zur Antwort dir!
Geh, schäm dich solcher Albernheiten!
Ich weiß, dass ich im Recht doch bin!
Hab keine Lust, mit dir zu streiten,

Will friedlich schweigen fürderhin.
Doch du wirst mich verstehn, Klimene,
Der Hymenaeus gab kein Glück,
Um zu verbergen deine Träne,
Senkst du nur schamhaft schnell den Blick.
Dir scheint mein Vers durchaus nicht schändlich,
Du schweigst, dein Aug verrät mich nicht,
Kannst seufzen nur, das ist verständlich!
Doch, eifersüchtiger Bösewicht,
Mit dem Titanen kühn verschworen
Ist Amor. Und der Rache Zeit
Ist nah! Für dich, den eitlen Toren,
Liegt längst der schönste Schmuck bereit.

Der Morgenröte Strahlen steigen
Hinter der Berge Grat hervor.
Im Schloss des Zaubrers herrscht noch Schweigen.
Und der verschmähte Tschernomor
Wälzt sich noch mürrisch auf dem Bett,
Als ob er schlecht geschlafen hätt.
Rings um ihn her die Sklaven hocken,
Die sich mit großer Vorsicht mühn,
Die Knochenkämme durch die Locken
Des langen Backenbarts zu ziehn,
Indessen andere sich drängen,
Das Schnurrbarthaar zu zwirbeln sacht,
Mit Wohlgerüchen zu besprengen
Die ganze silbergraue Pracht.
Da rasselt jäh mit Donnerkrachen
Durchs Fenster ins Gemach herein
Ein erzgeschuppter Flügeldrachen,
Rollt sich wie eine Schlange ein,
Steht feixend, eh man sich's versah,
Als Hexenweib Naïna da

Und knarrt aus zahnlos welkem Munde:
»Ich grüß dich, Bruder Tschernomor!
Seit langem drang ruhmvolle Kunde
Von dir, Verehrter, an mein Ohr.
Zeit ist es, dass wir uns befreunden.
Um dich zu warnen, bin ich hier,
Die schrecklichste Gefahr droht dir!
Von ungeheuer starken Feinden,
Die meine Ehre auch verletzt!
Nach Rache dürstet es mich jetzt!«

Der Zwerg, ein abgefeimter Heuchler,
Streckt schlau die Hand der Hexe hin.
»Naïna, Schönste«, spricht der Schmeichler,
»Dein Wunsch ist ganz in meinem Sinn.
Mit Schande werden wir bedecken
Den Finnen, und. wer's immer sei!
Kein Feind kann Tschernomor erschrecken!
Bin Meister in der Zauberei!
Schau meinen Bart. Ist er nicht prächtig?
Dank diesem wunderbaren Bart
Bin ich, solang kein Widerpart
Ihn mir abhackt, so übermächtig,
Dass nicht der kühnste, stärkste Mann
Je meine Pläne stören kann;
Mein wird Ludmila sein, beim Teufel!
Ihr Gatte ist zum Tod bestimmt.«
»Bestimmt zum Tode ohne Zweifel!«
Echote drauf das Weib ergrimmt,
Wobei sie mit dem Fuß aufstampfte
Und zischend, unter schrillem Lachen,
Verwandelt wiederum zum Drachen.
Hinaus durchs offne Fenster dampfte.

Im schimmernden Brokatgewand,
Ermuntert von der bösen Alten,
Beschloss der Zaubrer, um die Hand
Ludmilas weiter anzuhalten.
Ihr Bart und Liebe ohne Zagen
Ergeben nochmals anzutragen,
Durchschreitet er die Zimmerflucht,
Tritt, wie zur Hochzeit aufgeputzt,

In ihr Gemach – und steht verdutzt...
Weg ist die Schöne, die er sucht!
Den Park durchforscht er überall,
Rennt um den See, zum Wasserfall,
Kriecht selber unter jede Brücke
Mit Augen voller Wut und Tücke,
Durchstöbert ohne Aufenthalt
Die Lauben und den Lorbeerwald.
Wohin konnt sie hier schon verschwinden?
Vergittert ist der Park ringsum!
Doch nirgends ist das Weib zu finden!
Vergeblich raste er herum!
Vor Zorn konnt er sich nicht mehr fassen:
»Auf keinen kann man sich verlassen!«
Schrie er und hetzte seine Mohren,
Die zitternd sich um ihn geschart.
»Bringt mir das Weib! Wenn ihr mich narrt,
Dann seid ihr allesamt verloren!
Ja, ich erwürg euch mit dem Bart!«

Mein Leser, soll ich Dir verraten,
Wohin Ludmila nach der Nacht,
Da sie den Zwerg vertrieb, geraten?
Wie hatte er ihr Angst gemacht!
Doch, als sie's ruhig überdacht,
Da fiel sie kichernd in die Kissen.
Und jeder Schreck verliert die Macht,
Sobald wir drüber lachen müssen...
So schlief sie bis zum Morgengrauen,
Erhob sich frisch und ausgeruht,
Um sich im Spiegel zu beschauen,
Zufällig, wie ein Weib das tut,
Hebt mit der Linken und der Rechten
Das Haar, das auf den Schultern ruht,
Um es zur Krone hochzuflechten,
Zufällig, wie ein Weib das tut.
Zufällig fand sie auch das schöne
Prachtkleid von gestern und zog's an,
Wobei ihr eine kleine Träne
Unmerklich in den Busen rann.

Noch zupfend an des Kleides Spitze,
Fiel ihr, bevor sie noch verließ
Den Spiegel, plötzlich ein die Mütze,
Die sie dem Zauberer entriss.
Warum sollt sie nun nicht riskieren,
Zu tun, was jedes Mädchen tät,
Die Mütze schnell mal zu probieren?
Sie stülpt sie auf – ob sie ihr steht?
Soll man sie in die Stirne drücken?
Ob sie nach hinten mehr gehört?
Soll man sie schief, gerade rücken,
Quer tragen oder ganz verkehrt?
Doch – jäh verlischt, als ob es blitze,
Das Bild, das sie noch eben sah;
Nur schnell zurück gedreht die Mütze!
Sie tut's – schon ist es wieder da...
Des Rätsels Lösung war gefunden,
Sie probt's nochmals, ob's immer gilt.
Nach hinten – wie ein Geist verschwunden...
Nach vorn – zurückgekehrt ins Bild!...
Welch Glück, dies Wunder zu entdecken!
Nun konnt der Zwerg sie nicht mehr schrecken.
Sie trug die Zaubermütze drum
Seitdem nur noch verkehrt herum.

Genug von Mützen jetzt und Bärten!
Erinnern wir uns an Ruslan,
Von dem wir schon so lang nichts hörten,
Sehn wir, was er seitdem getan.
Nachdem der Zweikampf war zu Ende,
Durchritt er einen finstren Wald,

Ein weites, ebenes Gelände
Tat vor Ruslan sich auf alsbald.
Was er dort sah, ließ selbst erschrecken
Das kampferprobte Herz des Recken,
Ein Schlachtfeld war's aus alter Zeit,
Das vor ihm lag so öd und weit,
Besät mit Schädeln und Gebeinen,
Mit Waffen, die der Rost zerfrass.
Zerspellt ein Schild hier zwischen Steinen.
Durchbohrt ein Panzer dort im Gras,
Hier eine Hand, die abgehauen,
Den Griff des Schwertes nicht verlor,
Ein Helm dort, schaurig anzuschauen,
Daraus ein Schädel grinst hervor,
Und flach am Boden zwei Gerippe.
Ein Ritter mit zerbrochnem Schwert,
Wie ihn gefällt des Todes Hippe,
Noch sitzend auf dem tapfren Pferd.
Manch Pfeil und Speer ragt auf daneben,
Gerammt ins Erdreich wie ein Pfahl.
Kein Laut, nicht eine Spur von Leben
Regt sich in diesem Todestal.

Schwermütig seufzt Ruslan und hält
Umschau, so weit die Blicke reichen.
»Wer hat dich, ödes, weites Feld,
Getränkt mit Blut, besät mit Leichen?
Wer war's, der hier als letzter stand,
Als Sieger nach der Schlacht Getümmel?
Wer war's, der betend sich gewandt
Als letzter sterbend an den Himmel?
Das Unkraut des Vergessens deckt
Schon längst, die ruhmlos hier verdorben.
Eh mich der nächste Morgen weckt,
Bin ich vielleicht wie sie gestorben!
Klanglos am Fuß des Hügels hier
Werd ich verscharrt, und niemals wieder
Wird mein gedacht, der Barden Lieder
Berichten nicht ein Wort von mir!«

Im Zweikampf hatte unser Held
Zerschlagen alle seine Waffen.

So fiel's ihm ein, auf diesem Feld
Ersatz dafür sich zu verschaffen.
Ein wahrer Höllenlärm beginnt
Beim Wühlen in dem Berg von Knochen,
Von Helmen, die zerhauen sind,
Von Panzern. Schilden, die zerbrochen.
Ein Helm, ein Hörn, ein alter Schild
War alles, was er finden konnte,
Jedoch kein Schwert, um das sich's lohnte,
Das er zu tragen wär gewillt.
Was da im Feld an Schwertern lag,
Erschien zu klein dem mächtigen Recken,
So leicht zerbrechlich wie ein Stecken,
Der heutigen Helden eignen mag.
Nur um die Brust passt sich Ruslan
Noch einen alten Panzer an,
Und nimmt, da er nichts Bessres fand,
Zur Kurzweil einen Speer zur Hand.
Also gerüstet, zog der Reiter
Verdrossen seines Weges weiter.

Längst war die holde Abendröte
Erblasst am Steppenhorizont,
Und wie ein Schleier überwehte
Nun blauer Nebeldunst den Mond.
Versonnen durch die Dämmrung reitet
Ruslan, nicht fürchtend Nacht und Graus.
Verschwommen in der Ferne breitet
Sich schwarz ein Hügel vor ihm aus.
Seltsames Schnarchen scheint zu tönen
Vom Hügel her, wie sonderbar!
Ruslan vermeint, er hör ihn stöhnen,
Er seh den Hügel atmen gar!
Er reitet näher – scheut auch zitternd
Sein Pferd zurück, nichts Gutes witternd.
Es spitzt die Ohren, zerrt am Zaum,
Es bläht die Nüstern, bleckt die Zähne,
Es bäumt sich mit gesträubter Mähne,
Der Reiter zwingt's zur Ruhe kaum.
Beglänzt vom hellen Mondstrahl plötzlich,
Wird jetzt des Hügels Umriss klar:
Ein abgehaunes Haupt – entsetzlich! –
Von einem Riesen ist's, fürwahr.
Und dieser Kopf, er lebt! Ist's möglich?
Ruslans Erstaunen ist unsäglich!
In tiefem Schlaf sieht er ihn liegen,
Von einem riesigen Helm bedacht,
Drauf Federn sich gespenstig wiegen
Und drohend wehen in der Nacht,
Bewegt von seines Atems Dröhnen,

Der ihm aus Mund und Nase bricht.
Starr steht Ruslan dicht vor dem schönen,
Unheimlich wilden Angesicht,
Das wie ein Wächter in der Stille,
Umgeistert von der Nebelhülle
Der Steppeneinsamkeit, aufragt.
Ruslan umreitet unverzagt
Das mächtige Haupt, gewillt, zu stören
Des Riesen Schlaf, vielleicht zu hören,
Welch ein Geheimnis in ihm steckt.
Das wär ein Spaß, wenn er ihn weckt!
Und kurz entschlossen, kitzelt er
Ihn in der Nase mit dem Speer.
Das war zuviel selbst für den Riesen,
Weit riss er Maul und Augen auf,
Um prompt so fürchterlich zu niesen,
Dass sich ein Sturm erhob darauf,
Von dem die ganze Steppe bebte.
Was ihm an Bart und Brauen klebte
An altersgrauem Staub und Dreck,
Dazu ein Schwarm von schwarzen Eulen,
Stob auf mit ungeheurem Heulen
Und wirbelte den Reiter weg.
Kaum konnt er sich im Sattel halten.
Und hundert Echos ringsum schallten,
Der ferne Wald, die Berge niesten,
Als ob sie ihren Herrn begrüßten.
Dann drang, als sich der Lärm verlor,
Ein Donnerruf Ruslan ans Ohr:

»Wohin, du Tor von einem Recken?
Kehr um! Du wagst es, mich zu necken?
Wie kannst du so verwegen sein?
Kehr um! Sonst atme ich dich ein!«
Ruslan, der grad zum Stehen brachte
Sein Pferd, sah sich verächtlich um
Und lächelte nur spöttisch, stumm,
Als er streitlustig kehrt schon machte.
»Du Frechling, he, was wolltest du?«
Schrie ihm das Riesenhaupt nun zu.
»Warum raubst du mir meine Ruh?
Pack dich, du Zwerg, sonst fress ich dich!«
Zorn wallte auf auch in dem Recken,
Er rief: »Mich kannst du nicht erschrecken!
Ein Strohkopf bist du nur für mich!
Ist noch so breit auch deine Stirn,
Verstand steckt nicht in deinem Hirn!
Ich nehme nicht Reißaus vor dir!
Auf Schonung rechne nicht von mir!«

Auf flammte nun das Haupt vor Wut,
In seinen Adern schwoll das Blut,
Die Augen glühten wie im Fieber,
Der Geifer quoll im Maul ihm über,
Die Lippen zuckten wie im Krampf,
Aus Nas und Ohren qualmte Dampf.
Und wieder traf ein Wirbelwind
Das Ross, dass es wie taub und blind,
So wacker es auch widerstand,
Gar bald doch keinen Halt mehr fand,
Gezwungen ward, zurückzulaufen,
Um fern im Felde zu verschnaufen.
Nicht besser ging's beim dritten Sturm,
Als Ross und Reiter, wie ein Wurm
Sich duckend, wurden weggeblasen,
Ohnmächtig vor des Sturmes Rasen.
Und höhnisch lachte übers Feld
Das Riesenhaupt dem Reiter nach:
»Halt an, halt an, gemach, gemach!
Wohin so schnell, mein tapfrer Held?
Nicht stolpern! Vorsicht! Da sind Steine!
Ihr brecht euch ja noch Hals und Beine!

Was hat dich denn so sehr erschreckt?
Halt an, bevor dein Gaul verreckt!
Komm her, und mach mir das Vergnügen,
Gib mir nur einen Schlag! Komm her!«
Zornbebend hob Ruslan den Speer,
Und schwirrend sah man ihn schon fliegen
Genau ins offne Maul dem Riesen.
Nun, der vergass diesmal zu niesen.
Zerbeißen wollt er das Geschoss,
Doch schien's, dass ihm sehr wenig schmeckte
Der Speer, der in der Zunge steckte,
Aus der das Blut in Strömen floss.
Die Spötterei sich nun verkneifend,
Sah er erblasst, noch nichts begreifend,
Ruslan, den Recken vor sich stehn.
So mag's Melpomenes Epheben
Mitunter auf der Bühne gehn,
Ein Pfiff braucht sich nur zu erheben,
Und schon sieht man ihn sprachlos stehn.
Vergessen hat er seine Rolle
Verdutzt ist er, weiß gar nichts mehr,
Indes die Menge mit Gejohle,
Mit Spott und Hohn fällt auf ihn her.
Nun diesen Augenblick benutzte
Ruslan – kaum dass der Gegner stutzte,
Stürzt wie ein Habicht er sogleich
Sich über ihn, erhebt die Rechte
Und gibt ihm einen Backenstreich,
Der jeden Mann ums Leben brächte.
Die Steppe hallte weithin wider,
Das Haupt, es wankte, rollte nieder
Vom Hügel, wo's so lang geruht,
Und färbte rings das Gras mit Blut.
Der Helm schlug auf mit dumpfen Schlägen.
Doch sieh – da wo der Kopf gelegen,
Erblickt Ruslan, was er entbehrt:
Ein mächtiges, blankes Reckenschwert!
Mit einem wilden Freudenschrei
Ergreift er's, um sogleich aufs neu
Dem Haupt des Riesen nachzuspringen.
Schon will das breite Schwert er schwingen,
Ihm Nas und Ohren abzuschlagen,
Da hört er es so flehend klagen,
Dass er es übers Herz nicht bringt,
Sein Zorn. sein Rachedurst verklingt.
So schmilzt im Lenz das Eis im Tal,
Erwärmt vom Mittagssonnenstrahl.

»Du hast mich zur Vernunft gebracht«,
Sprach seufzend drauf das Haupt des Riesen.
»Dein starker Arm hat mir bewiesen,
Wie schuldig ich mich hab gemacht.
Von nun an will ich mich dir beugen,
Und du wirst Großmut mir bezeugen!
Mein Los, es ist beweinenswert:
Ein kühner Ritter war auch ich,
Und keinen Gegner gab's für mich,
Der nicht gefürchtet hat mein Schwert.
Nur einen hatt ich zum Rivalen,
Durch den das Leben ich verlor,
Der mich gestürzt in tiefste Qualen:
Das war mein Bruder Tschernomor.
Kein schlimmrer Schurke war im Lande:
Gänzlich geraten aus der Art,
Galt er der Sippe nur als Schande,
Der krumme Zwerg mit langem Bart!
Mich, der von Wuchs ein Gott, ohn Fehle,
Sah er nicht ohne Bosheit an,
Weshalb mich seine finstre Seele
Als Kind zu hassen schon begann.
Ich war einfältig, ohne Zweifel,
Wenn ich auch hochgewachsen war,
Doch er war schlau, schlau wie der Teufel,
An Niedertracht ihm über gar.
Zum Unglück birgt in seinem Bart
Sich eine Kraft besondrer Art,

Die er zu brauchen niemals scheute,
So dass ihn kein Verrat gereute.
Solang sein Bart bleibt unversehrt,
Gibt's nichts, was seiner Achtung wert.
Und in der freundschaftlichsten Weise
Bat er mich eines Tages schlau,
›Hör zu‹, sprach er, ›ich weiß genau,
Dass ich ihm einen Dienst erweise.
In einem finsteren Verlies
Weit hinter dem Gebirg gen Morgen,
Da liegt ein Reckenschwert verborgen.
In alten Büchern las ich dies.
Das Schicksal will's, dass diese Klinge
Uns eines Tages Unheil bringe.
Mir hackt dies Schwert einst ab den Bart
Und dir, mein Bruder, gar das Haupt.
Damit uns solches bleibt erspart,
Wär's klug, wenn man es vorher raubt.
Versteh, die Sache ist sehr wichtig,
Denn diese Weissagung ist richtig!‹
Ich lachte: ›Eine Kleinigkeit!
Was ist dabei? Ich bin bereit!
Wir ziehen los, wann dir's gefällt,
Und ging es bis ans End der Welt!‹
Geschultert rechts den bärtigen Zwerg,
Links einen Baumpfahl aufgeladen,
Durchwanderte ich Tal und Berg
Auf finstren, unwegsamen Pfaden
Ohn Rast und Ruh, tagaus, tagein.
Das Schicksal schien uns hold zu sein,
Ließ das Gebirg uns überwinden
Und endlich das Verlies auch finden.
Ich brach es auf mit blossen Händen
Und zog beglückt das Schwert hervor.
Doch unheilvoll sollt's für mich enden.
Mein böser Bruder Tschernomor
Begann sofort, sich zu erhitzen,
Denn er, er wollt das Schwert besitzen.
Wir schrien, stritten lange Zeit,
Bis ich ihn schließlich ausgelacht.
Da schwieg er, doch nicht, weil's ihm leid,
Nein, weil er eine List erdacht!
Denn, wie besänftigt sagte er:
›Sinnlos ist's, dass wir länger streiten
Und uns entzwein, statt dass vielmehr
Wir von Vernunft uns lassen leiten.
Das Schicksal selber mag entscheiden,
Wem dieses wundervolle Schwert,
Ob dir, ob mir. ob gar uns beiden
Gemeinsam fürderhin gehört.
Damit uns kund sein Wille werde,
Knie hin wie ich, halt an die Erde
Das Ohr gepresst und lausch hinein.
Wer nun als erster von uns zwein
Des Schicksals Urteilsspruch vernimmt,
Der ist auf Lebenszeit bestimmt,
Besitzer dieses Schwerts zu sein.‹
Gewillt zwar, es ihm nicht zu lassen,
Warf ich, wie er, mich hin aufs Ohr.
Hätt ich geahnt, dass Tschernomor
Selbst mich so grausam konnte hassen! –
Auf sprang er plötzlich und ergriff
Das Schwert... ein Wirbelwind, ein Pfiff,
Und – eh ich es begriff, ich Tropf,
Da rollt mir schon vom Rumpf der Kopf.
Dass Leben in ihm blieb, ist nur

Ein seltsam Wunder der Natur.
Von Dornen ganz verdeckt, vergessen
West mein Skelett im Steppensand,
Mein Haupt trug Tschernomor indessen
Hierher, in dieses fremde Land,
Bewachen musste ich bis heute
Das Schwert, das nunmehr deine Beute.
Nimm's hin, das Schicksal schenke dir
Auch fürderhin mehr Glück als mir.
Ein guter Gott mag es dir segnen!
Doch solltest du dem Bösewicht,
Dem bärtigen Zwerg, einmal begegnen,
Dann halte über ihn Gericht!
Wenn du mich rächst für alle Leiden,
Dann könnt ich glücklich alsogleich
Die Augen schließen und verscheiden,
Aus Dankbarkeit sogar mit Freuden
Vergeben dir den Backenstreich!«

Du Genius meiner Poesie,
Verkünder magischer Gesichte
Von holder Lieb und Dämonie,
Im Grab zu Haus, im Himmelslichte,
Du meiner lockren Muse Hort,
Beschützer, Wärter ihrer Wiege,
Verzeih, wenn ich dir nun nachfliege,
Orpheus des Nordens, und hinfort
Die heitre Mär der Welt zur Freude
In eine hübsche Lüge kleide.
Ihr hörtet sicher, meine Lieben,
Von jenem alten Bösewicht,
Der einst dem Teufel sich verschrieben,
Selbst die zwölf Töchter schonte nicht
Und ihre Seelen ließ dem Bösen;
Wie er versuchte, sich zu lösen
Von seiner Schuld, die er erkannt,
Durch Ablass, Fasten und Gebete,
Als Fürsprech einen Heiligen fand,
Der Gnade ihm von Gott erflehte,
Wie er entschlief in seligem Frieden
Und was den Töchtern war beschieden.
Bezaubert hat uns ohne Zweifel
Der wundersamen Nächte Bild,
Von Träumen sonderbar erfüllt.
Doch Gottes Zorn, der finstre Teufel,
Des alten Sünders Reuequal
Entsetzten uns von Mal zu Mal,
Sosehr uns reizte anzuschauen
Die hübschen, schuldlosen Jungfrauen.
Ihr Schlaf, ihr stumm ertragnes Leid
Ließ uns vor Rührung oft erschauern.
Mit den Gefangnen Seit an Seit
Umschweiften wir des Schlosses Mauern.
Und sahen fließen ihre Tränen,
Dann weinten wir selbst mit den Schönen.
Wir sahn noch mehr ... doch soll ich's wagen,
Die ganze Wahrheit hier zu sagen?

Ich will es wagen und berichte
Nun frank und frei Ratmirs Geschichte:
Ruslans Gemahlin aufzufinden,
Ritt er gen Süden unverwandt
Den ganzen Tag. Schon sah er schwinden
Die Sonne hinterm Waldesrand.
Sosehr er in die Weite spähte,
Ringsum war alles leer und tot,
Und überm Fluss nur Nebel wehte.
Das letzte blasse Abendrot

Noch auf den höchsten Wipfeln glühte.
Zeit war's, dass er sich nun im Wald
Um eine Lagerstatt bemühte.
An schwarzen Felsen aus Basalt
Ritt er vorüber ohne Zagen
Zu Tal, da sieht er droben ragen
Ein altes Schloss mit Wehr und Zinnen.
Hoch auf der Mauer kommt daher,
Einsam, gleich einem Schwan im Meer,
Vom goldnen Abendglanz beschienen,
Ein holdes Weib. – Verlockend klingt
Die zarte Weise, die sie singt:

Es dunkelt schon, die Nacht bricht an;
Kühl weht der Wind, komm, lass dir raten,
Kehr ein, du junger Wandersmann,
In unsre lustigen Kemenaten!
Hier schläfst du wohlig in der Nacht,
Hier harren dein an jedem Tage
Die wonnevollsten Festgelage,
Komm, komm, dein Bett ist schon gemacht!
Hier wartet dein ein holder Schwarm
Von schönen Mädchen! Nichts vermissen
Wirst du an Freundlichkeit und Küssen,
Hier winkt dir Liebe sonder Harm!
Und wenn der goldne Morgen naht,
Dann lassen wir den Becher kreisen,
Und du vergisst das Weiterreisen!
Komm, komm, kehr ein, folg meinem Rat!

Es dunkelt schon, die Nacht bricht an;
Kühl weht der Wind, komm, lass dir raten:
Kehr ein, du junger Wandersmann,
In unsre lustigen Kemenaten!
So singt und lockt die schöne Maid.
Schon naht Ratmir ihr voll Verlangen.
Ein Schwarm von Jungfraun steht bereit
Am Tor, ihn zärtlich zu empfangen.

Sie schaun ihn wohlgefällig an;
Indem sie lärmend ihn umringen
Und zwei das Ross des jungen Chan
Eilfertig fort zur Stallung bringen,
Wird er geführt in den Palast.
Ab nimmt man ihm den Helm, den schweren.
Das Schwert, den Schild, des Panzers Last.
Er duldet's, ohne sich zu wehren.
Eh ihn umhüllt ein Lustgewand,
Wird er zum Bad erst hingeleitet,
Das eilig man für ihn bereitet,
So wie es Brauch im Russenland.
Umwölkt von Dampf, kann sich ausstrecken
Auf Matten hier der junge Held.
Und während in ein Silberbecken
Des heißen Wassers Sprudel schnellt
Und wechselnd kalte Strahlen wieder
Erfrischen ihm die müden Glieder,
Naht, halb entblösst, gesenkt die Lieder,
Ihm nun der Jungfraun holde Schar.
Die eine neigt sich zu ihm nieder,
Besprengt mit Rosenöl sein Haar,

Und eine andre aus dem Reigen
Des Ritters Blut in Wallung bringt
Mit frischen zarten Birkenzweigen,
Die über ihm sie lachend schwingt.
Ratmir, glückselig unterdessen,
Fühlt sich schon ganz der Welt entrückt,
Sie, die ihn einst so sehr entzückt,
Ludmila, hat er längst vergessen.
Er blickte schmachtend vor Verlangen
Mit heißen Augen um sich her,
Als könnt er's kaum erwarten mehr,
Die Schönen zärtlich zu umfangen.

Ratmir dem Bade nun entschreitet,
In Samt und Seide frisch gekleidet,
Vom Schwarm der Jungfräulein geleitet
Zum Festmahl, das schon vorbereitet.
Um dieses Festmahl zu beschreiben,
Die Speisen all, den edlen Wein,
Müsst ich Homer persönlich sein.
So aber lass ich's besser bleiben
Und wandle lieber mit Parny
Den lockren Pfad der Poesie,
Lass lächelnd meine Leier tönen
Zum Preis der Nacktheit unsrer Schönen,
Beschreibe, wie der Held die Nacht
Mit Lieb und Zärtlichkeit verbracht!
Da lag das Schloss im Mondenschein
Und im entlegnen Kämmerlein
Der schlafende Ratmir, von bangen
Traumbildern wollüstig umfangen.
Die Stirne glüht, es glühn die Wangen,
Als ob ihn Feuersglut verzehrt.
Er spitzt den Mund schon voll Verlangen
Zum Kuss, den fiebernd er begehrt,
Gleichsam, als wähne er im Traume,
Die Schöne stünde schon im Raume,
Bereit, zu stillen seine Lust;
Gequält seufzt er aus tiefster Brust.
Doch ist's kein Traum! Wach auf, Ratmir!
Lausch in die mitternächtige Stille!
Knarrt nicht da draußen eine Diele!

Und jetzt, jetzt tut sich auf die Tür!
Wirf ab den Schlaf, mach dich bereit!
Fürwahr, beglänzt vom Mondlicht, schreitet
Herein die wunderschöne Maid
Auf nackten Sohlen ... Niedergleitet
Die Decke von des Ritters Brust...
Wach auf, Ratmir! Fliegt fort, ihr Träume!
Die Liebe naht, wach auf, versäume
Sie nicht, die süße Zeit der Lust!
So arglos zeigt sie sich dem Recken
Wie es Diana schelmisch tat
Vor ihres Schäfers Lagerstatt.
Wie wird sie nun den Schläfer wecken?
Aufs Bett gestützt mit einem Knie,
Neigt sie sich leise zu ihm nieder.
Da fuhr ein Blitz ihm durch die Glieder,
Solch einen Kuss empfing er nie...

Doch nun, mein keusches Lied, nun hülle
In Schweigen dich. Du bist zu schwach,
Zu schildern, was noch in der Stille
Der Nacht geschah in dem Gemach.
Ratsamer scheint uns, zu beenden
Jetzt die Geschichte von Ratmir,
Dafür uns wieder zuzuwenden
Ruslan, dem vielgetreuen hier,
Dem Ritter ohne Furcht und Tadel,
Dem Mann von wahrem Seelenadel.
In tiefen Schlaf war er gefallen,
Nachdem er siegreich übermannt
Das Riesenhaupt. – Des Frührots Strahlen
Vergoldeten des Himmels Rand,
Als er mit frischem Mut erwachte.
Ohn dass er lange sich bedachte,
Schwang er sich auf sein feurig Pferd
Und stob davon, machtvoll bewehrt
Mit dem erkämpften Reckenschwert.

Welk fiel das Laub von Baum und Strauch,
Ruslan ritt unverzagt gen Norden.
Kein Vogel sang, des Herbstwinds Hauch
Vertrieb sie längst schon, stumm geworden

War Feld und Wald, vergilbt und kahl,
Und kalte Nebelschwaden lohten
Nun um die Hügel rings im Tal,
Des Winters unbarmherzige Boten.
Kein Tag verging, an dem der Recke
Nicht Hindernisse überwand.
Da blieben Riesen auf der Strecke,
Manch Hexenweib ihr Ende fand.
In einer fahlen Mondnacht stiegen
Aus Nebeln Nixen auf vor ihm,
Auf Bäumen sah er sie sich wiegen,
Ihm winken zärtlich ungestüm,
Doch konnte keine ihn betören,
Er blickte überhaupt nicht hin.
Ludmila wollt er nur gehören,
Nach ihr allein stand ihm der Sinn.
Der Nixen Lockung blieb verloren,
Und so entkam er ungeschoren.

Was tat die Jungfrau unterdessen?
Seitdem die Schöne im Besitze
Von ihres Peinigers Zaubermütze
– Wir haben's wohl noch nicht vergessen –,
Geht sie, unsichtbar so gemacht,
Nun durch die Gärten Tag und Nacht,
Lässt ihren Träumen freien Lauf,
Sich in Erinnrungen versenkend,
Des Freundes wehmutvoll gedenkend,
Seufzt sie oft tief bekümmert auf.
Doch dann denkt sie der Heimat wieder,
Des alten Vaters und der Brüder
Und aller lieben Anverwandten,
Der Freundinnen und der Bekannten.
In ihr Bewusstsein kehrt zurück
Der Kindheit ungetrübtes Glück.
Das gibt ihr manchmal neue Kraft,
So dass sie die Gefangenschaft,
Ja selbst die Trennung von Ruslan

Für kurze Zeit vergessen kann.
Doch doppelt traurig und allein
Fühlt sie sich, wenn aus solchen Träumen
Sie aufscheucht neue Angst und Pein.
Des Zaubrers Sklaven nämlich säumen
Nicht Tag noch Nacht, sie aufzuspüren,
Durchstöbern Park und Schloss beständig,
Um sie dem Unhold zuzuführen.
Doch freut die Jungfrau sich unbändig,
Hört sie von ferne ihr Geschrei.
Den Dienerschwarm zu überraschen,
Indem sie plötzlich ohne Scheu,
Als spiele sie mit ihnen Haschen,
Vor ihnen auftaucht unbemützt
Und mit dem Ruf: »Hier ist der Hase!«
Aufs neu getarnt vor ihrer Nase
Verschwindet und von dannen flitzt.
So konnten sie wohl Spuren finden
Von ihr im Garten täglich fast.
Zum Beispiel sahen sie verschwinden
Orangen oft von einem Ast,
Gleichsam von Geisterhand gepflückt,
Sahn auf dem Rasen manche Stelle,
Wo grad ihr Fuß das Gras geknickt,
Betropft den Boden bei der Quelle,
Wo sie mit Wasser sich erquickt.
Doch solche Atzung hält nicht jeder

Gar für den allerbesten Schmaus,
Und schlafen nachts auf einer Zeder,
Wer hielte das wohl lange aus?
Nein, Ruhe fand sie nimmermehr,
Vor Angst, vor Kummer und vor Sehnen
Verbrachte sie die Nacht mit Tränen.
Erst bei des Frührots Wiederkehr
Gelang ihr's, an den Stamm den Rücken
Gelehnt, bisweilen einzunicken.
Jedoch sobald der Sonnenball
Erschien, lief sie zum Wasserfall,
Um unter seinem Strahl, dem kühlen,
Die nächtigen Tränen wegzuspülen.
Was Tschernomor wohl dabei fühlte,
Wenn er vom Fenster aus erkannt,
Wie eine unsichtbare Hand
Das Wasser fing und damit spielte!
So musste sie, von ihrem Gram
Gefoltert, Tag um Tag verbringen,
Bis wiederum der Abend kam.
Da hörte man sie leise singen
Ein Lied voll Wehmut manches Mal.
Ein Stück von ihrem seidnen Schal,
Ein Blumenkranz, den sie gewunden,
Ein Taschentuch, das tränennass,
Ward dann am nächsten Tag im Gras
Von einem Diener aufgefunden.

Das ging so lang, bis Tschernomor
Vor Wut fast platzte und sich schwor,
Um schnell zum Ziele zu gelangen.
Ludmila endlich einzufangen
Durch einen schlauen Schurkenstreich,
Dem lahmen Schmied von Lemnos gleich,
Der Zytherea, die die Treue
Ihm immer wieder brach aufs Neue,
Fing, und den Göttern so entdeckte,
Was Zypris insgeheim bezweckte...

Die Fürstin saß, in ihre Träume
Versunken, schweigend, ahnungslos
In einer Laube und genoss
Den Ausblick durchs Gezweig der Bäume
Auf einer Wiese Blumenpracht.
Da hört sie plötzlich in der Nähe
Ein Flüstern, als ob vor ihr stehe
Ruslan, an den sie just gedacht:
»Ludmila, Liebste, ich bin hier!«
Fürwahr, er ist's, er naht sich ihr!
Gestalt und Stimme sind die seinen,
Die Züge nur, die Augen scheinen
Etwas verschleiert, blass und krank.
Doch macht das wohl die Dämmerstunde...
Und, ach – er hat ja eine Wunde
An seiner Hüfte!... Zitternd sprang
Ludmila auf, lief auf ihn zu
Mit offnen Armen – doch im Nu
War die Gestalt wie Spuk verschwunden.
Und dann flog ihr die Mütze weg,
Nicht rühren konnt sie sich vom Fleck,
Von einem Netz war sie umwunden.
Vor Schreck erstarrte sie zu Stein,
Als höhnisch gellte ihr ins Ohr
Der Ruf: »Jetzt ist der Vogel mein!«
Vor ihr steht drohend Tschernomor.
Ein kläglich Seufzen nur und Stöhnen
Entfährt der holden Brust der Schönen,
Indem die Sinne ihr vergehn.
Ach, was wird nun mit ihr geschehn!

Entsetzlich ist's, mit anzusehn!
Der greise Unhold, grau und grässlich,
Von Kopf bis Fuß runzlig und hässlich,
Beugt geil sich zu der Jungfrau nieder
Und streichelt schamlos ihre Glieder...
Just in demselben Augenblick

Begann ein Streithorn laut zu dröhnen...
Wer mocht es sein, wer war gekommen,
Den Zwerg zu fordern zum Gefecht?
Der Unhold rafft, noch halb benommen,
Sich auf, streicht sein Gewand zurecht,
Wirft auf die Schulter sich den Bart,
Ergreift die Mütze unverweilt,
Stülpt sie der Jungfrau auf und eilt
Entgegen seinem Widerpart.

Fürwahr, der Mann ist zu beneiden,
Dem liebend sich Ludmila schenkt.
Empfindsam, klug und doch bescheiden
In allem, was sie tut und denkt,
Gern fröhlich, voller Schelmerei,
Doch unbedingt dem Gatten treu,
Bezaubert sie uns stets aufs neu.
Ihr gab der Himmel jene Gaben,
An denen Aug und Herz sich laben,
Mit ihrem Lächeln, ihren Worten
Erweckt sie Liebe allerorten.
Kein größeres Glück, als nachts im Garten
Zum Stelldichein sie zu erwarten!
Welch eine Anmut! Unerreichbar!
Welch eine Schönheit! Unvergleichbar
Mit irgendwelchen andern Frauen,
Am wenigsten mit jener rauhen
Delphira, die so finster blickt,
Dass jeder Mann vor ihr erschrickt,
Ja möglichst schnell von dannen rennt
Und sie am liebsten gar nicht kennt.
Hätt sie nur einen Bart und Sporen,
Wär ein Husar an ihr verloren.
Doch davon wollt ich gar nicht sprechen,
Vielmehr von dem, der voller Zorn
Just so gewaltig stieß ins Horn.
Es war Ruslan. – Den Schimpf zu rächen,
Den er erlitt durch Tschernomor,
Steht er nun vor des Schlosses Tor.
Sturm bläst sein Horn, es ruft zum Kampf.
Sein Ross, es schäumt und scharrt und stampft
Und wiehert laut, als wollt es sagen:

Komm, Zwerg, jetzt geht's dir an den Kragen!
Doch eh der Reiter sich's versah,
War schon der listige Gegner da,
Hoch aus den Wolken braust der Schelm
Herab und donnert auf den Helm
Ihm einen Schlag von solcher Macht,
Der andre wohl hätt umgebracht.
Ruslan erhebt den trüben Blick,
Erkennt den Gegner mit der Keule,
Und blitzschnell schlägt sein Schwert zurück,
Dass es den Bösewicht zerteile,

Doch grad so schnell schwingt Tschernomor
Sich rückwärts in die Luft empor.
Schon aber stürzt der Unhold wieder
Wutschnaubend auf den Recken nieder
Und plumpst, vor Raserei ganz blind –
Denn seitwärts weicht Ruslan geschwind –,
Mit dumpfem Aufschlag in den Schnee.
Flink war Ruslan vom Pferd gesprungen,
Und eh dem Zwerge in die Höh
Sich aufzuschwingen war gelungen,
Erfasste ihn des Recken Faust
Beim Bart und ließ ihn nicht entwischen,
Mocht er auch strampeln, zappeln, zischen.
Doch plötzlich reckt er sich und saust
Steil aufwärts, grade wie zuvor.
Ruslan, der ließ den Bart nicht fahren,
Hielt eisern fest sich an den Haaren,
Und fort mit ihm flog Tschernomor.
Das Pferd Ruslans, das treue Tier,
Sah ihnen nach verwundert schier.
Sie flogen über wüste Felder
Und undurchdringlich düstre Wälder,
Hoch über wilder Berge Höhn,
Weit über trostlos menschenleere
Finstere, sturmzerwühlte Meere,
Kein Ende war da abzusehn.
Mocht ewig dauern diese Fahrt,
Ruslan hielt zähe fest den Bart,
Hingegen schien es bald, als werde
Der Zauberer allmählich schwach,
Da zu Ruslan er listig sprach:
»Hör, Fürst, ich bringe dich zur Erde;
Lass uns beenden unsern Streit!
Ich tue dir fortan kein Leid,
Du musst mir eines nur versprechen...«
»Nichts, Elender! Schweig, rat ich dir!
Mein Weib hast du gequält, dafür
Will ich mich schrecklich an dir rächen!
Nie werd ich mich mit dir vertragen,
Mag bis zum Mond gehn diese Fahrt!
Bestimmt verlierst du deinen Bart!
Mein Schwert wird ihn dir bald abschlagen!«

Umsonst begann nun Tschernomor,
An seinem Barte wild zu rütteln,
Um seinen Gegner abzuschütteln.
Ruslan blieb hängen wie zuvor,
Er strafte ihn dafür sogar,
Indem er selbst am Bart ihn zupfte
Und manch ein Haar dabei ausrupfte.
Am Ende seiner Kräfte war
Der Zwerg dadurch schon nach zwei Tagen.
Er schrie: »Lass ab, erbarm dich mein!
Hab keine Kraft mehr, dich zu tragen!
Hast mich besiegt, ich seh es ein,
Ich bin in deine Hand gegeben!
Doch, Fürst, sei gnädig, schon mein Leben!
Ich bin fürwahr genug gestraft
Durch alles, was ich ausgestanden!

Befiehl, wo soll ich mit dir landen?...«
»Ja, zittre vor des Russen Kraft,
Fang nicht mit mir noch einmal an!
Und nun beeil dich«, rief Ruslan,
»In deinen Zwinger zu gelangen,
Wo du Ludmila hältst gefangen!«

Gehorsam machte kehrt sogleich
Der Zwerg, doch Todesängste litt er.
Bald war erreicht sein Zauberreich,
Zu Boden ging er mit dem Ritter.
Kaum standen auf den Füßen beide,
Da riss Ruslan schon aus der Scheide
Sein Schwert, und wie ein Bündel Gras
Hieb er dem Wicht, der's totenblass
Erduldete, den Bart vom Kinn.
»Nun, Räuber«, höhnte er, »wohin
Ist deine Zauberkraft geraten?
Aus ist's mit deinen Freveltaten!«
Dann band er sich die Siegesbeute,
Den Bart des Feindes, auf den Helm
Und rief sein Pferd. Als es zur Seite
Ihm wiehernd sprang, griff er den Schelm,
Der kreischend zappelte, und zwängte
In seinen Quersack ihn, dann sprengte
Er ohne weitren Aufenthalt
Den Berg hinauf, um alsobald
Ins Schloss des Zaubrers einzudringen,
Die Freiheit seinem Weib zu bringen.
Die Mohren brauchten nur zu sehn
Das sonderbare Siegeszeichen,
Den Bart, auf seinem Helme wehn,
Um schlotternd schleunigst zu entfleuchen.
Durch die Gewölbe ungestört

Läuft er und ruft zu vielen Malen
Nach der Geliebten – doch er hört
Als Antwort nur sein Echo hallen.
Verzweifelt reißt er auf die Türen,
Die zu dem Park des Schlosses führen,
Läuft durch die Haine kreuz und quer,
Um die Geliebte zu erspähen,
Durchsucht die Lauben – sie sind leer,
Sein Rufen findet kein Gehör,
Und keine Spur ist da zu sehen!
Am Wasserfall erst macht er halt
Und starrt hinunter von der Brücke.
Da überläuft's ihn heiß und kalt...
Wie – wenn sie vor des Schicksals Tücke
Entfloh – und stürzte sich hinab
Verzweifelt in dies Wellengrab?...
Bei diesem grausigen Gedanken
Erschrak er bis ins Mark hinein,
Gesenkt den Kopf, stumm wie ein Stein,
Stand er und fürchtete zu wanken.
Und von Verzweiflung übermannt,
Verdunkelte sich sein Verstand,
So dass ihn dünkte, er verspüre,
Dass ihn ihr Schatten schon berühre
Und keine Hoffnung mehr ihm bliebe
Auf die Erfüllung seiner Liebe.
Und wieder durch die Gärten rast
Ruslan und ruft Ludmilas Namen,
Von Wut und Rachedurst erfasst,
Beginnt er, ohne zu erlahmen,
Was immer ihm im Weg mocht stehn,
Wie ein Besessner zu zerstören.
Felsblöcke riss er von den Höhn,
Um rings die Haine zu verheeren,
Kein Baum, kein Strauch blieb unversehrt,
Zusammen schlug er mit dem Schwert
Die Lauben alle und die Brücke
Und schleuderte die Trümmerstücke
Hinunter in den wilden Bach.
In Kürze war des Zaubrers Reich
Nur einer wüsten Steppe gleich.
Das war ein Lärmen und Gekrach!

Es hallte von den Bergen wider.
Wo seine Klinge sauste nieder,
Wuchs weder Gras noch Blume mehr.
Blindwütig schlug er um sich her,
Zerschnitt oft Luft nur kreuz und quer,
Als schleudere der Himmel Blitze.
Doch plötzlich, wie von ungefähr,
Traf seines Reckenschwertes Spitze
Die unsichtbare Zaubermütze,
Die in der Eile Tschernomor
Ludmila aufgestülpt zuvor...
Und – vor ihm liegt, reglos und bleich,
Die Liebste!... Voller Glück, zugleich
Jedoch erstaunt und voll Entsetzen,
Sieht er sie fest umstrickt von Netzen.
Er reißt die Fesseln schnell in Fetzen,
Kniet, Tränen in den Augen, nieder,
Ruft ihren Namen immer wieder,
Küsst ihre Hände ungestüm.
Doch ihre Lippen, ihre Lider
Verweigern jede Antwort ihm.
Die Brust nur, die sich atmend hebt,
Verrät ihm, dass sie schläft und lebt.
Er starrt sie an, begreift es nicht,
Ist vor Verzweiflung fast von Sinnen,
Bis wie von ferne zu ihm spricht
Die Stimme seines Freunds, des Finnen:

»Ermanne dich, Ruslan, und kehre
Heim mit Ludmila, deinem Weib.
Fass neuen Mut, mein Freund, und bleib
Getreu der Liebe und der Ehre!

Glaub mir, die Bosheit wird der Strafe
Des zornigen Himmels nicht entgehn!
Die Fürstin wird – du wirst es sehn –
Alsbald aus ihrem Zauberschlafe
Im Schloss zu Kiew auferstehn!«

Ruslan, erlöst aus tiefstem Harme,
Tat wie der Alte ihm empfahl,
Nahm die Geliebte seiner Wahl
Behutsam auf die starken Arme
Und stieg vom Berg hinab ins Tal.

Im Quersack hinten aufgeschnallt
Den Zwerg und sie, die er gerettet,
Vor ihm, in seinen Arm gebettet.
Ludmilas liebliche Gestalt,
Ritt unser Held des Weges weiter.
Der Steppenwind weht kühl und frisch,
Zaust ihre Locken spielerisch.
Ihr Antlitz lächelt ihm so heiter,
So zart wie Frühlingsmorgenschein.
Als träumte sie den schönsten Traum,
Errötete sie manchmal fein
Und seufzte leis, vernehmbar kaum.
Bewegte sie die Lippen gar,
Dann war, wovon sie träumte, klar,
Ein Wort nur flüsterte sie dann,
Das alles in sich schloss: »Ruslan!«
Das Herz zersprang ihm fast vor Sehnen,
Sah er, im Schlaf, ihr unbewusst,
Das Lächeln, Beben seiner Schönen,
Das Atmen, Seufzen ihrer Brust...
Doch sittsam reitet unser Held
Durch Täler, Berge, Wald und Feld
Ohn Aufenthalt, ob's tagt, ob's nachtet,
Ob er vor Sinnenglut verschmachtet
Und ob sein Weg auch noch so weit.
Die Schlafende nach Haus zu führen,
Beileibe nimmer zu berühren,
Nur dies schien ihm Glückseligkeit.
Undenkbar, dass der Mönch uns narrte,
Der für die Nachwelt aufbewahrte
Ruslans Geschichte ... Klipp und klar
Beteuert er, dass es so war.
Ich selber möcht es nicht verhehlen:
Schal sind die Küsse, die wir stehlen.
Das höchste Glück ist jederzeit
Die Lust, die man genießt zu zweit.
Ludmilas Schlaf hat – recht betrachtet –
Mit Schäferinnen nichts zu tun,

Die, wenn der Frühling sprießt, verschmachtet
Scheinheilig unter Bäumen ruhn.
Da fällt mir Lida wieder ein,
Die ich einst fand bei Mondenschein
Im Wäldchen, wo sie scheinbar tief
Auf einer kleinen Wiese schlief...
Der erste Kuss, nun ja, er schmeckte
Ihr wohl noch etwas keusch und brav.
Ich küsste dreister, doch ich weckte
Sie so noch weniger aus dem Schlaf...
Genug davon! Wozu beschwor
Ich hier, was ich dereinst getrieben,
Ich, der von sich längst abgetan,
Was Liebe ist. Wir wollen sehn,
Was weiterhin noch ist geschehn.

Weithin die Ebene sich streckte,
Vereinzelt standen Tannen drauf;
Und in der blauen Ferne reckte
Wie drohend sich ein Hügel auf.
Ruslan vermeint, erkannt zu haben,
Dass er dem Riesenhaupt sich naht,
Lässt schneller drum den Renner traben.
Was er gehofft von Herzen hat,
Das Wunder zeigt sich in der Tat:
Das Haupt, es atmet noch und lebt!
Die hohe Stirn, aus der ein Wald
Des storren, schwarzen Haars sich hebt,
Die Wangen sind zwar bleich und kalt,
Die Zähne wie im Krampf verbissen,
Der Mund schon röchelnd aufgerissen,
Die Augen aber starrn Ruslan
Im Sterben noch wie fragend an.
Entgegen flog ihm nun der Ritter,
Von fern schon rufend: »Sei gegrüßt!
Du bist gerächt jetzt, wie du siehst!
Nun dünkt der Tod dich weniger bitter!«
Im Quersack zitterte der Tropf,
Zog in den Sack zurück den Kopf,
Denn wie erweckt zu neuem Leben,
Begann das Riesenhaupt zu beben.
Ein Stöhnen brach aus ihm hervor,
Als es erkannte Tschernomor.
Die Nüstern blähten sich, die Wangen
Erglühten drohend purpurrot,
Den Augen, brechend schon dem Tod,
Zornblitze, schreckliche, entsprangen.
Es knirschte mit den Zähnen ächzend
Und schleuderte dem Bösewicht
Mit schon gelähmter Zunge krächzend
Die letzten Flüche ins Gesicht...
Allmählich endete sein Leiden:
Aus Stirn und Wangen wich das Blut,
In seinem Blick verglomm die Wut,
Und zuckend sahn das Haupt verscheiden
Ruslan und Tschernomor, der Wicht.
Der muckste sich im Quersack nicht,
Als stumm sich wendete der Ritter.
Die ärgsten Todesängste litt er,
Beschwor nur heimlich die Dämonen,
Ihn vor dem Schlimmsten zu verschonen.

Durch dichtes Waldesdunkel floss
Ein Flüsschen, schmal und namenlos.
Und eine kleine Hütte stand
Im Dämmerlicht am Uferrand.
Das Flüsschen plätscherte so friedlich
Am Flechtzaun Tag und Nacht entlang,
Sanft wie der Wind, der unermüdlich
Hoch in den Kiefernwipfeln sang.
Unweit davon, im Wald versteckt,
Lag eine Lichtung, die gewiss
Seit je kein Mensch noch hat entdeckt,
Ein unberührtes Paradies,
Ein Ort der Einsamkeit und Stille.
Hier hielt Ruslan und stieg vom Pferd,

Hier konnt man rasten ungestört.
Hell durch des Morgendunstes Hülle
Bricht just der Sonne roter Ball,
Vergoldend Wald und Fluss und Tal.
Er bettete sein Weib ins Gras
Und setzte sich, sie zu bewachen,
An ihre Seite. – Plötzlich sichtet
Er durch das Dickicht, wo sich's lichtet,
Den Fluss durchquerend einen Nachen.
Ein Fischer ist es, wie er sieht,
Der friedlich seine Netze zieht.
Herüber hallt, hinauf den Hang,
Nun auch sein fröhlicher Gesang.
Indes das Boot zum Ufer gleitet,
Um bei der Hütte anzulegen,
Tritt aus der Tür ein Weib und schreitet
Mit lustigem Zuruf ihm entgegen.
Jung ist sie, lieblich von Gestalt,
Das Haar gelöst im Winde wallt,
Nackt, nur mit einem Schurz umhüllt,
Fürwahr, ein paradiesisch Bild!
Der Fischer, der an Land gesprungen,
Hält sie glückselig nun umschlungen.
Wohl eine holde Stunde währt
Der Liebe Spiel ganz ungestört.
Warum so plötzlich aber wandte
Von diesem Bild sich ab Ruslan?
Begreiflich ist's – ach, er erkannte
Im Fischer den Chasarenchan,
Ihn, den einst Mars zum Ruhm erwählte,
Der in der Liebe wie im Streit
Zu seinen drei Rivalen zählte!
Gilt dir der Ruhm nichts mehr, Ratmir?
Von dieser Schönen ganz besessen,

Hast du Ludmila jetzt vergessen?
Was trieb dich in die öde hier?

Der Fürst trat plötzlich vor die zwei,
Auf sprang Ratmir mit jähem Schrei,
Doch kaum erkannte er Ruslan,
Umarmte ihn der junge Chan.
Als dann der Fürst ihn staunend fragte,
Warum er Kampf und Ruhm entsagte
Und rosten ließ sein gutes Schwert,
Das Kiews Macht wie keins gemehrt,
Da sprach der Fischer: »Teurer Freund,
Du wunderst dich, doch Kriegslust scheint
Mir längst im höchsten Masse greulich
Und Ruhmsucht ebenso abscheulich.
Dagegen hundertfach erfreulich
Heiß ich die Liebe heut, Ruslan!
Seit ich's verschmähe, für den Wahn
Des Kriegs mein Leben zu vergeuden,
Bin ich so reich an wahren Freuden,
Dass ich Ludmila selbst vergass!
Verzeih, wenn ich mich einst vermass...«
Der Fürst fiel ihm ins Wort: »Schon gut!
Sie ist bei mir in sichrer Hut,
Nur ein paar Schritt entfernt von hier...«
»Kann ich sie sehen?« rief Ratmir.
»Doch nein, ich will das nicht riskieren,
Ein Rückfall könnte mir passieren!
Der jungen Freundin bleib ich treu,
Ihr, die verwandelt hat mein Leben,
Die mir das Glück, die Jugend neu,
Den Frieden hat zurückgegeben.
Zwölf Zauberinnen liebten mich,
Verhießen Lust mir ohne Massen,
Für diese eine habe ich
Die anderen getrost verlassen.
Nichts hielt in ihrem Schloss mich mehr,
Hab kein Gelüst nach ihren Küssen,
So wie ich Schild und Schwert und Speer
Und Helm und Panzer heut kann missen.
Hier leb ich jetzt als Eremit,
Fern allem Streit und allem Leide,

Mit ihr, zu der mein Herz mich zieht,
Die meiner Seele Licht und Freude.«

Die Schöne hörte voll Entzücken
Dies offne Zwiegespräch mit an
Und schaute mit verliebten Blicken
Auf ihren Freund, den jungen Chan.

Der Fischer und der Ritter saßen
Am Fluss noch, als die Nacht begann,
Vertraulich plaudernd und vergassen,
Wie Stund um Stunde so verrann.
Auf stieg der Mond nun überm Hang,
Als wollte er Ruslan bedeuten:
Brich auf, Zeit ist's für dich schon lang,
Mit deinem Weibe heimzureiten!

Ludmila, die, in eine Decke
Gehüllt, noch schlief, hob nun Ruslan
Aufs Pferd, und Abschied nahm der Recke
Nunmehr für immer von dem Chan,
Der Sieg und Ruhm, des Himmels Segen
Ihm herzlich wünschte allerwegen
Und, von Erinnrung übermannt,
Noch lange stumm versonnen stand,
Nachtrauernd seinen Jugendjahren,
Die mit Ruslan entschwunden waren...

Farlaf, Unwürdigster von allen,
Die warben um Ludmilas Hand,
War bösen Ränken nur verfallen
Und barg sich still und unerkannt
An einem menschenleeren Ort.
Heimtückisch wartete er dort,
Dass sich die Hexe wieder zeige.
Und schließlich war sie da und sprach:
»Erkennst du mich? Nun, dann besteige
Dein schnelles Pferd und folg mir nach!«
Doch wo sie stand, am selben Platze,
Sah er nun vor sich eine Katze,
Die schlängelnd durch den Wald sich wand.
Er folgte ihrer Spur gespannt.

Wie friedlich lag das stille Tal,
Von Nebelschwaden überzogen.
Am Himmel düstre Wolken flogen,
Durch die des Mondes blasser Strahl
Bisweilen brach und für Minuten
Die zwei Gestalten flüchtig traf,
Die da am Hang des Hügels ruhten:
Ludmila noch im tiefsten Schlaf,
Der sie gebannt hält schon seit Tagen,
Ruslan, zwar wachend, doch von zagen
Gedanken pausenlos gequält,
Die er umsonst versucht zu zügeln,
Bis dass auch ihn mit kalten Flügeln
Bleierne Müdigkeit befällt.
Matt blickt er auf die Liebste, schweigend,
Verschmachtend fast vor Herzenspein,
Und kummervoll die Stirne neigend,
Schläft er zu ihren Füßen ein.

Er träumt... Ist's eine dumpfe Ahnung,
Ist's eine allzu späte Mahnung?...
Er sieht in schwindelhaften Höhn
Sein Weib vor einem Abgrund stehn.
Laut stöhnt er auf ... Was ist geschehn?
Er kann sie plötzlich nicht mehr sehn!
Allein steht er am Abgrund jetzt,
Und aus der Schlucht hört er entsetzt
Ludmilas Hilferufe dringen.
Er zögert nicht, ihr nachzuspringen.
Durchs Dunkel fliegt er blind ins Leere,
Und – als er schließlich Fuß gefasst,
Sieht er sich staunend im Palast
Zu Kiew, wo wie einst zur Ehre
Der Hochzeit von Ludmila noch

Der alte Fürst mit den zwölf Söhnen
Und edlen Gästen schmaust. – Jedoch
Wladimirs Zorn nur hört er dröhnen,
Wie damals, als er seiner Schönen
Beraubt ward von dem bösen Geist.
Kein Festlärm klingt, kein Becher kreist.
Die Gäste saßen reglos da,
Als wagten sie kein Wort zu sagen.
Doch wie erschrak er, als er sah:
Der, den er kürzlich erst erschlagen,
Rogdai, war munter unter ihnen,
Lebendiger, als die andern schienen,
Trank Wein mit fröhlichem Gesicht
Und tat, als sähe er ihn nicht.
Und seltsam: Unweit von dem Feind
Erkennt er auch Ratmir, den Freund.
In diesem Augenblick erklang
Das Saitenspiel und der Gesang
Des Barden, der wie dazumal
Sich jetzt zur Kurzweil präsentierte.
Indessen stelzte in den Saal
Farlaf, der stolz Ludmila führte
Als Braut am Arm ... jedoch bezeigt
Von allen, die im Saale waren,
Ihm keiner Ehre, alles schweigt,
Stumm sitzen Fürsten und Bojaren.
Der würdige Wladimir blickt
Zu Boden, wie von Scham bedrückt,
Scheint nur Verachtung zu bekunden,
Doch plötzlich ist der Spuk verschwunden,
Und Todeskälte weht Ruslan,
Den träumenden, erschauernd an,
Lässt ihn im Innersten erbeben,
So dass er aus dem Schlaf fast fuhr...
Doch denkt er, ach, ein Traum war's nur,
Hat keine Kraft, sich zu erheben.

Kein Mondstrahl streift nunmehr den Hang,
Im Schatten birgt sich jeder Pfad,
In Nacht der Wald, das Tal versank.
Und siehe, der Verräter naht.
Lautlos lenkt er den Gaul am Zügel
Hin zu dem dämmerigen Hügel,
Wo schlafgebannt Ludmila liegt,
Ruslan sich ihr zu Füßen schmiegt.
Unweit von ihnen spitzt sein Pferd
Die Ohren, als ob's Unheil wittert,
Farlaf kommt näher, doch er zittert,
Angstschlotternd nur zieht er sein Schwert,
Möcht in zwei Hälften gleich zerteilen
Kampflos den Schläfer und – enteilen.
Doch stampft im selben Augenblick
Das Ross Ruslans laut mit den Hufen
Und wiehert hell, als wollt's ihn rufen.
Der Feigling weicht entsetzt zurück.
Im Nebel taucht voll böser Wut
Die Hexe auf und macht ihm Mut.
Jedoch Ruslan hat nichts gehört,

Bleischwerer Schlaf lähmt ihm die Glieder.
Farlaf kehrt um, ermannt sich wieder,
Stösst dreimal in die Brust sein Schwert
Dem Schlafenden, ergreift die Beute
Und jagt mit ihr davon ins Weite.

Die ganze Nacht besinnungslos
Lag Held Ruslan, und Stund um Stunden
Sein rotes Blut in Strömen floss
Aus seinen grausam tiefen Wunden.
Als es bereits begann zu tagen,
Vermochte er erst aufzuschlagen
Den müden halberloschnen Blick
Und einmal noch den Kopf zu heben,
Doch schon entwich aus ihm das Leben,
Entseelt sank er sogleich zurück.

Zwar wäre von Ruslan, dem Helden,
In diesem Lied nichts mehr zu melden.
Ein Rabe kreist schon, wo er ruht,
Nachdem verströmt ist all sein Blut.
Verstummt ist seines Horns Gedröhn,
Den Helmbusch sieht kein Feind mehr wehn!
Das Ross Ruslans streift stumm umher
Mit trüben Augen, und es schwenkt
Die stolze Mähne nimmermehr,
Trägt trauernd tief den Kopf gesenkt.
Und doch – zu warten scheint's gewillt,
Dass sich aus seinem starren Schlafe
Der Ritter neu belebt aufraffe,
Eh ihm verrosten Schwert und Schild.

Was tat indessen Tschernomor?
Dass ihn die Hexe just vergessen
Und was geschehen war zuvor,
Er ahnt es nicht. Und wie besessen
Fing er Ludmila und Ruslan
Im Quersack zu beschimpfen an,
Doch vorsichtshalber nur im Geist.
Weil er nun draußen lang kein Raunen
Vernahm, steckt aus dem Sack er dreist
Den Kopf und – musste bass erstaunen.
Der Ritter tot? Die Jungfrau weg?
»Frei bin ich!« jubelte er keck
Und strampelte vor wilder Freude,
Doch – allzufrüh zu seinem Leide...
Inzwischen rast der Schuft Farlaf,
Quer überm Sattel die in Schlaf
Versunkne Fürstin, ohne Ruh
Voll Angst und Hoffnung Kiew zu.
Zwar von Naïna gut beraten,
Ist ihm nicht wohl ob seiner Taten.
Von fern hört er den Dnepr schon,
Wie grollend rollt er durch die Wiesen...
Die goldnen Kuppeln aber grüßen
Ihn nicht, sie scheinen ihm zu drohn.
Jetzt trabt er in die Stadt hinein.
Volk läuft zuhauf in allen Gassen

Und kann vor Jubel sich nicht fassen.
Voraus hört man den Herold schrein,
Ludmilas Wiederkehr zu melden
Sowie Farlafs, des wackren Helden...

Wladimir saß gedankenschwer
Im hohen Saal, vergrämt und bitter,
Und schweigend saßen um ihn her
Viel stolze Fürsten, edle Ritter,
Als plötzlich vor dem Schlossportal
Gelärm und Freudenrufe klangen.
Geflüster regte sich im Saal.
Die Fürsten und die Ritter sprangen
Betroffen auf, als sich die Tür
Auf tat und sich ein Krieger zeigte;
Sich tief und feierlich verneigte
Und alles rief: »Farlaf ist hier,
O Herr, die Tochter Euch zu bringen.«
Schwer musste er nach Atem ringen,
Eh es dem alten Mann gelang,
Von seinem Sessel aufzustehen,
Mühsam entgegen ihr zu gehen,
Nach der er sich gesehnt so lang,
Um die er bangte Tag um Tag,
Die aber reglos schlief, nichts spürte,
Wie tot im Arm des Mörders lag,
Als ihre Hände er berührte.
Nichts Gutes schienen zu erwarten
Die Fürsten, die den Greis anstarrten,
Als sein gestrenger Blick Farlaf
Wie prüfend, Klärung fordernd, traf,
Und dieser, listig, auf die Lippen
Sich mit dem Zeigefinger tippend,
In hastigem Flüstertone sprach:

»Sie schläft seit Tagen, wird nicht wach.
So habe ich sie aufgefunden
Im Wald, im Muromer Revier,
Wo sie versteckt hielt und gebunden
Ein Schrat. – Drei Tage kämpften wir,
Die Sonne sah's, Mann gegen Mann,
Drei Nächte sah's der Mond mit an,
Wie ich's dem Bösewicht gegeben!
Es war ein Kampf auf Tod und Leben!
Ludmila fiel in meine Hand,
Als ich ihn schließlich überwand.
Sie aus dem Zauberschlaf zu wecken,
Das konnte nur der Bösewicht.
Ich lernte diese Kunst noch nicht.
Der Himmel wird sie dem entdecken,
Dem es an Hoffnung nicht gebricht.«

In weniger als einer Stunde
Vernahm die ganze Stadt die Kunde,
Auf allen Straßen war Gedränge,
Es staute sich vorm Schloss die Menge,
Und trauernd drängte groß und klein
Durchs Tor in das Gemach hinein,
Wo auf erhöhter Lagerstatt
Auf einer Decke aus Brokat
Die schlafende Prinzessin ruhte
Und rings die Ehrenwache stand
Von Edlen, die berühmt im Land.
Da war nicht einem froh zumute.
Die Gusli klagte, und es tönten
Trompeten, dumpfer Hörner Klang
Und Trommelschlag und Schellen dröhnten
Ununterbrochen traurig bang.
Am Fuß der Bahre weinend kniet
Der alte Fürst, erschöpft von Leid.
Blass und verstört daneben sieht
Das Volk Farlaf, der seltsam zittert,
Bar seiner alten Dreistigkeit,
Als ob er schon Vergeltung wittert.

Die Nacht sank längst auf Kiew nieder,
Doch keiner mochte schlafen gehn.

Hinaus trieb's viele immer wieder,
Um zu beschwatzen, was geschehn.
Der Ehemann schlich aus dem Zimmer
Und ließ sein junges Weib allein,
Bis des gehörnten Mondes Schimmer
Verschwand im roten Morgenschein.
Doch kaum war man ins Bett gefallen,
Da gab's Alarm, der schlimmer war,
Geschrei, vermischt mit Hornsignalen,
Verkündete der Stadt Gefahr!
Zur Festungsmauer lief die Menge,
Da bot sich ein entsetzlich Bild:
Jenseits des Dnepr, welch Gedränge
Von Zelten, Kriegern, Schild an Schild!
Dort sieht man schon Berittne jagen,
Staubwolken wirbelnd, übers Feld,
Dort rollen sie heran auf Wagen,
Dort loht ein Feuer auf und schwelt!
Nun, Unheil, nimm denn deinen Lauf,
Die Petschenegen standen auf!
Indessen saß in seiner Höhle
Abwartend mit gelassner Seele
Er, dessen mächtiges Gebot
Besiegen konnte Leid und Tod.
Dem Freund Ruslans, dem Finnen, war
Des Schicksals Lauf längst offenbar.

In ferner Wüsteneinsamkeit,
Weit hinter wilden Bergeshöhen,
Wo ruhelos die Winde wehen,
Liegt die Oase, die bis heut
Kein Menschenauge noch gesehen,
Selbst nachts auch Hexen nicht erspähen.
Zwei Quellen gibt es da, der einen
Entsprudeln fröhlich zwischen Steinen
Des *Lebens* Wellen, aus der zweiten
Des *Todes* Wasser träge gleiten.
Kein Windhauch weht und fächelt Kühle
Hier in die ewig stille Schwüle,
Die Kiefernriesen rauschen nicht,
Kein Vogel regt hier sein Gefieder,
Kein Hirsch beugt sich zum Trinken nieder
Am Quell, der aus dem Boden bricht,
Geheimnisschwanger dampfend, zischend,
Und keinem Wesen dünkt erfrischend.
Zwei unsichtbare Geister nur
Sind hier seit Anbeginn der Welt
Am ewigen Urquell der Natur
Als strenge Wächter aufgestellt...
Zwei leere Krüge in den Händen,
Taucht plötzlich auf der Eremit,
Worauf die zwei zur Flucht sich wenden,
Eh er zur Rechenschaft sie zieht,
Dieweil er just in tiefstem Schlaf
Die pflichtvergessnen Wächter traf.
Die Krüge füllte er geschwind
Und flog davon schnell wie der Wind,
Um in der nämlichen Minute
Schon zu erscheinen an dem Ort,
Wo leblos stumm in seinem Blute
Ruslan erschlagen lag, durchbohrt.
Kaum hatte er des Ritters Wunden
Mit Todeswasser leicht besprüht,
Da waren sie auch schon verschwunden,
In neuer Schönheit war erblüht
Sein Leib – und als er ihn besprengte
Mit seinem Lebenswasser gar,
Da hob sich seine Brust und senkte
Sich, atmend wie zuvor, fürwahr!
Die Augen schlug er auf und spähte
So munter in den Tag sogleich,
Als ob ihn nie getroffen hätte
Des Mörders hinterhält'ger Streich.
Was ihm geschehen, schien ihm kaum
So wichtig wie ein wirrer Traum.
Denn seine erste Sorge galt

Ludmila! – Ach, sie ist verschwunden,
Sie, die er eben erst gefunden!
Heiß überläuft es ihn und kalt.
Auf springt der Held mit wildem Grimme,
Da trat der Finne vor ihn hin
Und sprach mit freundlich fester Stimme:
»Mein Sohn, besänftige deinen Sinn!
Nun wird das Schicksal sich vollenden.
Zum Heil wird alles dir sich wenden.
Doch manches steht dir noch bevor.
Feindheere sind in diesen Tagen
Zum Sturm marschiert auf Kiews Tor,
Du wirst sie wie ein Blitz zerschlagen!
Nimm diesen heiligen Ring – berühr
Damit Ludmilas Stirn! – Glaub mir,
Sie wird erwachen und – ist dein!
Und dann wird ewig Friede sein.
Kein Zauber wird die Welt mehr schrecken,
Die Bosheit wird zugrunde gehn!«

Die Hände reichte er dem Recken
Und sprach: »Leb wohl! Auf Wiedersehn,
Jedoch nicht mehr in dieser Welt!«
Und war im Augenblick verschwunden.
Noch lang ins Leere hielt der Held
Die Arme, Dank ihm zu bekunden,
Sein Warten aber blieb vergebens.
Allein steht er auf leerem Feld.
Doch froh des neu erwachten Lebens,
Ruft er sein Pferd, das wiehernd, springend
Herbeieilt, wild die Mähne schwingend,
Den Zwerg im Quersack tüchtig schüttelnd,
Gewaltig durcheinanderrüttelnd.
Im Sattel sitzt Ruslan im Nu,
Durchrast so wild wie einst die Felder,
So kühn wie je die Eichenwälder,
Den anbefohlnen Taten zu.

Doch was geschah in Kiew jetzt?
Da stand das Volk auf Wall und Mauer
Und spähte nach dem Feind entsetzt,
Gelähmt von Angst und dumpfer Trauer.
Da hallte Weinen, Wehgeschrei
Beklemmend durch der Gassen Stille,
Als ob das Ende nahe sei,
Des Himmels Strafe sich erfülle.
Indessen betend auf den Knien

Wladimir unentwegt verweilte
Allein bei seiner Tochter, eilte
Die Ritterschaft zuhauf, um kühn
Zu kämpfen ohne Furcht und Grauen.

Und kaum begann der Tag zu blauen,
Da kam schon von den Hügeln her
Mit Schlachtgeschrei in wilden Haufen
Der Feinde Mannschaft angelaufen,
Durchflutete die Gräben quer,
An Wall und Mauer, Turm und Wehr
Anbrandend wie im Sturm das Meer.
Doch Pfeile prasselten wie Regen
Hernieder auf die Petschenegen,
Dass mancher schon sein Leben ließ,
Eh Kiews Ritterschaft verwegen
Ausbrach und auf die Feinde stieß.
Da ging ein grimmes Haun und Stechen,
Ein fürchterlich Gemetzel los,
Da sah man Helme, Brünnen brechen,
Dass Blut in Strömen sich ergoss.
Hier prallen Reihen gegen Reihen,
Und dort kämpft Mann nur gegen Mann,
Die herrenlosen Pferde scheuen
Und fangen durchzugehen an.
Hier ficht zu Fuß ein wackrer Streiter
Mit einem riesenhaften Reiter,
Dort wird ein Mann mit einem Pfeile
Gestreift und hier von einer Keule
Ein andrer plötzlich hingestreckt,
Und elend neben ihm verreckt,
In seinem Schild verklemmt, ein dritter,
Den mit dem Pferd zerstampft ein Ritter.
So kämpfen sie bis in die Nacht,
Doch keiner kriegt die Übermacht,
Bis sie erschöpft die Augen schließen.
Die Toten sind ihr Ruhekissen.
Fest ist ihr Schlaf, wohl hört man Stöhnen
Von Feinden, welche todeswund,
Doch nur Gebete aus dem Mund
Von Kiews tapfren Heldensöhnen.
So ungewiss die blutige Schlacht

In dieser Nacht war ausgegangen,
So war, von Nebeldunst verhangen,
Alsdann der neue Tag erwacht.
Noch schlief das Schlachtfeld tatenlos,
Nur langsam klärte sich der Himmel,
Da plötzlich scholl Fanfarenstoss!
Und ein entsetzliches Getümmel
Hob in des Feindes Lager an,
Dass Kiews Krieger, die noch schliefen,
Aufsprangen, durcheinanderliefen,
Bis sie erstaunt auf einmal sahn:
Ein wunderbarer, riesiger Ritter
Braust hoch zu Ross, allein, verwegen,
Wild, blitzend wie ein Sturmgewitter,
Quer durch die Reihn der Petschenegen.
Kein andrer war es als Ruslan.
Er schwang mit so gewaltigen Streichen
Sein Schwert, dass links und rechts die Leichen
Sich türmten schon auf seiner Bahn.
Im Quersack aufgeschnallt der Zwerg

Sah rings um sich nur Köpfe fliegen
Und Helme, Schilde, Speere liegen,
Wahrhaft unzählbar, Berg an Berg.
Sekundenlang nur senkte nieder
Ruslan sein Schwert, um hin und wieder
Gewaltig in sein Hörn zu stossen.
Doch brausten schon auf ihren Rossen
Die Ritter Kiews übers Feld.
Da gaben auch die letzten Reihn
Der Feinde schleunigst Fersengeld.
Wer konnte, fing ein Pferd sich ein
Und floh in wilder Flucht von hinnen.
Für wenige nur gab's ein Entrinnen,
Nach jagten Kiews Ritter ihnen
Und mähten im gerechten Zorn
Sie nieder wie das reife Korn.
Kiew frohlockt, als in die Stadt
Ruslan als Sieger wiederkehrte
Mit seinem allgewaltigen Schwerte,
Das also große Wunder tat,
Den Feinden zum Verderben ward,
Und wie sein Panzer, seine Lanze
Hell funkelte im Ruhmesglanze.
Hoch wehte auf dem Helm der Bart...
Nach all der Trübsal, all dem Leide,
Beseelt von Hoffnung, stolzer Freude,
Bahnt sich der Held mit seinem Ross
Durch das nicht endende Gedränge
Der vor Begeistrung trunkenen Menge
Den Weg nun zu Wladimirs Schloss.
Und vor Ludmila endlich stand er,
Die fest noch lag im Zauberschlaf,
Und bei ihr an der Bahre fand er

Den Alten, neben ihm – Farlaf,
Der lieber sich im Schloss als Hüter
Ludmilas hatte aufgestellt,
Statt wie die andern wackren Ritter
Zu kämpfen mit dem Feind im Feld.
Kaum hatte er Ruslan gesehn,
Sank er ins Knie und fiel gleich um.
Fast wollt er um Erbarmen flehn,
Wohlweislich aber blieb er stumm.
Ruslan gab gar nicht auf ihn acht,
Er war allein darauf bedacht,
Wie er Ludmila mit dem Ringe
Des Finnen zu Bewusstsein bringe.
Kaum dass er ihre Stirn berührt,
Da war das Wunder schon passiert:
Die Augen schlug sie auf, die blauen,
Um höchst erstaunt ihn anzuschauen,
Als sei sie nur aus einem langen
Seltsamen Traume aufgewacht...
Eh sie ein Wort hervorgebracht,
Hielt sie den Liebsten schon umfangen.
Und jäh befreit von allem Leide,
Steht unser Held wie trunken da.
Verwundert, wie all dies geschah,
Umarmt der alte Vater beide.
Den Schluss von dieser Mär kannst du,
Geliebte Freundin, selbst erraten:
Wladimirs Zorn erlosch im Nu.
Farlaf, der seine Freveltaten
Bereute, flehte auf den Knien
Um Gnade – und ihm ward verziehn.
Auch der, der mit dem Bart verloren
Die Zauberkraft, blieb ungeschoren
Fortan – Ruslan bestallte ihn
An seinem Hof als Harlekin.
Um all die ausgestandne Plage
So schnell wie möglich zu vergessen,
Gab dann der Fürst ein festlich Essen
Mit ausgedehntem Trinkgelage.

Und damit endet diese Sage
Vom Heldentum vergangner Tage.

EPILOG

So habe ich in Mussestunden,
Da ich dem dunklen Altertum
Gehorsam sang dies Lied zum Ruhm,
Den Gleichmut wiederum gefunden,
Um all die Kränkung zu vergessen,
Die mir Verleumder angetan,
Von dummer Ränkesucht besessen.
Auch Doris focht mich nicht mehr an
Mit ihrer ewigen Perfidie.
Die Flügel meiner Phantasie
Enthoben mich all der Beschwerde,
Die uns bedrängt auf dieser Erde.
Von neuem aber ballte sich
Ein heimlich drohendes Gewitter!...
Doch Freundschaft, meiner Jugend
Hüter
Und Trost seit je, du schütztest mich,
Besänftigtest das Donnerwetter
Und gabst den Frieden mir zurück,
Du wurdest meiner Freiheit Retter,
Die meiner Seele höchstes Glück.
Der Welt entronnen, dem Gerede,
Den Newa-Ufern weit entrückt,
Steh ich nun hier, fern aller Fehde,
Vom Zauber der Natur entzückt,
Kaukasiens stolze Gipfel recken
Sich hoch zum Himmel über mir.
Ursprünglich, wild ist alles hier,
Seltsam gewaltige Bilder wecken
Gefühle, unaussprechlich groß,
Gedanken, welche pausenlos
Den Geist bedrängen immer wieder!
Doch schweigt die Göttin meiner Lieder...
Mich dünkt, die Zeit der Träumerei,
Die Zeit der Verse ist vorbei,
Die nur durch Liebe sich entzünden,
Ich seh sie mehr und mehr entschwinden!
O Muse, holde Poesie,
Der Tag versinkt, werd ich dich nie
Beglückt wie früher wiederfinden?...

1817–1820

MÄRCHEN VOM ZAREN SALTAN,

VON SEINEM SOHN, DEM BERÜHMTEN UND MÄCHTIGEN RECKEN FÜRST GWIDON SALTANOWITSCH, UND VON DER WUNDERSCHÖNEN SCHWANENPRINZESSIN

MÄRCHEN VOM ZAREN SALTAN

Sassen spät drei junge Mädchen,
Schnurrend ging ihr Spinnerädchen,
Redet eine von den drein:
»Ach, könnt ich doch Zarin sein!
Für die ganze weit Welt
Hätt ich selbst ein Fest bestellt!«
Sprach die zweite von den drein:
»Schwester, könnt ich Zarin sein,
Aller Welt mit eigner Hand
Webt ich feine Leinewand!«
Sprach die Jüngste von den drein:
»Käm ein Zar, um mich zu frein,
Schenkt ich ihm auf seinen Thron
Einen rechten Heldensohn!«

Kaum der Wunsch gesprochen ward,
Als die Türe leise knarrt:
Zu den Mädchen, zu den drein,
Tritt der Zar des Landes ein.
Draußen stand er bei dem Reden,
Hört' die Wünsche einer jeden,
Was die Jüngste grad gesagt,
Hat am meisten ihm behagt.
Sagt der Zar: »Gruß dir, der Schönen,
Dich will ich zur Zarin nehmen.
Und bis zum September schon
Schenk mir einen Heldensohn!
Aber ihr, ihr beiden andern,
Macht euch auf, mit uns zu wandern,

Bei der Schwester sollt ihr bleiben,
Was ihr wünscht, das sollt ihr treiben:
Eine soll als Köchin leben
Und die andre Leinwand weben.«
Die drei Mädchen, wie sie waren,
Folgten zum Palast dem Zaren.
Gleich am Abend ward die Braut
Ihm als Zarin angetraut.
Zar Saltan im Kreis der Gäste
Mit der Zarin saß beim Feste;
Drauf die Ehrengäste schreiten
Und das Hochzeitsbett bereiten,
Fein geschnitzt aus Elfenbein;
Und man ließ das Paar allein.
Weberin und Köchin einen

Wie ihr Junges pflegt die Aarin;
Einen Boten, einen raschen,
Schickt sie, froh zu überraschen
Ihren Zaren. Doch die beiden
Schwestern, dir ihr Glück beneiden,
Mit der Base Babariche
Sinnen sie auf arge Schliche,
Fangen ab den ersten Boten,
Den die Zarin selbst entboten,
Senden einen andern fort
Mit der Botschaft Wort für Wort:
»Deine Zarin hat geboren,
Doch Gott weiß, was Dir erkoren,
's ist kein Spross für Deinen Thron,
Keine Tochter und kein Sohn —

Sich, ihr Schicksal zu beweinen;
Und es einen sich die beiden,
Ihre Herrin zu beneiden;
Doch das junge Zarenpaar
Machte sein Versprechen wahr:
Eh die Hochzeitsnacht vergangen,
War der Heldensohn empfangen.
Zu derselben Zeit gab's Krieg.
Zar Saltan sein Ross bestieg,
Bat die Zarin, sich zu wahren
Ihm zuliebe vor Gefahren. —
Und indes er ferne weilt,
Stark von Kampf zu Kampfe eilt
Mit den rauhen Kriegsgenossen,
Ist die Kindesfrist verflossen,
Und Gott schenkt ihm einen Sohn,
Ellenlang geboren schon.
Ihren Sprössling pflegt die Zarin,

's ist nicht Frosch und ist nicht Maus:
Sieht fast wie ein Untier aus.«
Wie die Botschaft ihm gekommen
Und der Zar den Sinn vernommen,
Ward er zornig, und es drohten
Seine Worte Tod dem Boten.
Doch das Töten unterblieb,
Und der Zar zur Antwort schrieb:
»Schweigt jetzt still von der Geschichte,
Bis ich selber seh und richte.«
Mit der Schrift, auf schnellem Ross,
Kehrt der Bote heim zum Schloss.
Doch der bösen Schwestern Neid
Schuf der Zarin neues Leid:
Mit der Base Babariche
Sannen sie auf arge Schliche,
Machten erst den Boten trunken,
Bis er tief in Schlaf versunken;

Nähten in sein Brustgewand
Einen Brief von ihrer Hand.
Als der Bote dann erwacht,
Ward die Botschaft überbracht:
»Zar Saltan an die Bojaren:
Was geschehn, hab ich erfahren,
Drum die Zarin und ihr Kind
Sollt ihr beide, wie sie sind,
Alsofort ins Meer versenken,
Sie im Wasser still ertränken.«
Trauernd folgten die Bojaren
Dem gefälschten Brief des Zaren,
Drangen, zu der Zarin Schmach,
Nächtlich in ihr Schlafgemach,
Lasen ihr mit lauter Stimme,

Wie du plätscherst frei und helle,
Keinen Zwang noch Fesseln fühlend,
Bald das Meergestein umspülend,
Bald ans hohe Ufer schlagend,
Mastenhohe Schiffe tragend —
Oh, erlös uns unsrer Bande,
Trag uns hin zum festen Lande!«
Und die Welle hört das Wort,
Trägt das Fass zum Ufer fort,
Lässt es sanft am Strande nieder,
Gleitet dann zum Meere wieder.
Kind und Mutter sind gerettet,
Sind auf festem Land gebettet.
Aber wer macht jetzt die zwei
Aus der Haft des Fasses frei?

Was der Zar in seinem Grimme
Anbefohlen. In ein Fass
Wurden ohne Unterlass
Kind und Mutter eingesteckt,
Und das Fass ward zugedeckt,
Dicht verstopft mit Werg und Teer
Und gerollt ins blaue Meer.
Glänzt der Himmel sternenhelle,
Rauscht im Meer die dunkle Welle;
Wolken ziehn am Himmel schwer,
Und das Fass schwimmt auf dem Meer.
Klagt die Zarin in dem Fass,
Jammert ohne Unterlass;
Doch ihr Kind wächst wunderbar,
Nicht bloss täglich, stündlich gar.
Und indes die Mutter klagt,
Singt das Kind im Fass und sagt:
»Ach, du Welle, Meereswelle,

Auf den Füßchen steht das Kind,
Mit dem Köpfchen presst es lind
An den Boden ihrer Tonne:
»Mach ein Fenster für die Sonne!«
Sprach er, brach den Boden aus
Und verließ das enge Haus.
Frei sind Sohn und Mutter beide,
Sehn sich um in großer Freude.
Steigt vom Strand ein Hügel auf,
Eine Eiche steht darauf.
Denkt der Sohn: Ein Abendbrot
Tut uns jetzt vor allem not!
»Doch wo find ich Speise?« spricht er,
Einen Zweig vom Baume bricht er,
Biegt den Zweig zu einem Bogen,
Hat die Schnur schnell abgezogen
Seinem Kreuz, mit fester Hand
Sie dem Bogen aufgespannt,

Kleine Zweiglein dann in Eile
Zugespitzt als scharfe Pfeile —
Und er sucht am Dünenhügel
An der Bucht nach Seegeflügel.
Kaum jedoch kam er ans Meer,
Hört er: Jemand stöhnt gar sehr...
Sieht: Ein Schwan im Schaume bebt,
Über ihm ein Geier schwebt;
Und der Schwan schaut bang unsäglich,
Windet sich und zittert kläglich,
Wild gespreizt hat — welch ein Graun!—
Schon der Geier seine Klaun...

Doch von dem gespannten Bogen
Plötzlich kommt ein Pfeil geflogen
In des Geiers Hals — sein Blut
Färbt mit Purpur rings die Flut,
Und in Todesqual und Grimme
Schreit er wie mit Menschenstimme.
Und der Schwan mit Schlagen, Beißen
Sucht ihn in die Flut zu reißen,
Sicher ihn zu töten. Drauf
Tut der Schwan den Schnabel auf,
Russisch und mit Menschenton
Spricht er zu dem Zarensohn:

»Zahrensohn! Mich zu erlösen,
Kamst du, von der Macht des Bösen;
Kannst du jetzt um meinetwillen
Auch nicht deinen Hunger stillen,
Ging verloren auch dein Pfeil,
Glück wird dir dafür und Heil!
Keinen Schwan hast du befreit —
Eine stolze Königsmaid!
Und der Geier, der als Ziel
Deines sichern Schusses fiel,
War ein Zaubrer — reicher Lohn
Soll dir werden, Zarensohn!

Deinem Dienst will ich mich weihn,
Überall dir nahe sein,
Was du wünschest, will ich tun,
Doch jetzt geh, dich auszuruhn!«
Sprach's der Schwan und war entflohn.
Und die Zarin und der Sohn
Schliefen ein mit leerem Magen.
Aber kaum begann's zu tagen,
War der Sohn bereits erwacht.
Staunend sieht er, über Nacht
Auf dem weiten öden Strand
Eine große Stadt erstand,

Um das weite Häusermeer
Laufen weiße Mauern her,
Goldne Kuppeln sieht er blitzen,
Klöster, Kirchen, Turmesspitzen.
Weckt der Sohn die Mutter — oh!
Wie wird sie des Anblicks froh!
»Komm und lass der Stadt uns nahn«,
Ruft er, »Wunder tut mein Schwan.«
Und sie gehn mit schnellen Schritten,
Haben kaum das Tor durchschritten,
Hören sie von allen Seiten
Feierliches Glockenläuten;
Mit Gesang auf allen Wegen
Wallt das Volk dem Paar entgegen;
Durch die festgeschmückten Scharen

Goldne Hofkarossen fahren,
Und das Volk von nah und fern
Ruft hurra dem neuen Herrn.
Und man setzt dem Zarensohne
Auf das Haupt die Fürstenkrone,
Da die Mutter eingewilligt
Und des Volkes Wahl gebilligt,
Herrscht im Land der Zarensohn,
Und man nennt ihn Fürst Gwidon.
Weht der Wind vom Meere her,
Treibt ein Schifflein auf dem Meer,
Das, die Segel ausgebreitet,
Leicht und schnell die Flut durchgleitet.
Plötzlich ruft das Schiffsvolk laut:
»Welch ein Wunder! Kommt und schaut!
Auf dem alten Inselland
Eine neue Stadt erstand.
Stolz gebaut mit Türmen, Zinnen,
Goldne Kuppeln blitzen drinnen.«

Ein Kanonenschuss vom Walle
Grüßt das Schiff. Zur Fürstenhalle
Führt man bald die fremden Gäste
Und bewirtet sie aufs beste.
Fürst Gwidon hebt an zu fragen,
Welcher Wind sie hergetragen,
Was der Reise Zweck und Ziel
Und noch andrer Fragen viel.
Sprachen sie: »Mit Pelzwerkwaren
Haben wir die Welt durchfahren,
Führten Fuchs und Zobel aus,
Und jetzt kehren wir nach Haus.
Ostwärts führt uns unsre Bahn,
Um beim Inselland Bujan
In das Reich Saltans zu fahren,
Des berühmten, mächt'gen Zaren.«
Sprach der Fürst: »Ein guter Stern
Führe euch, ihr lieben Herrn,
Durch den weiten Ozean
Bis zum mächt'gen Zar Saltan;
Sollt ihm meinen Gruß bestellen.«
Weiter zogen die Gesellen.
Doch das Herz von Kummer schwer
Ging der Fürst zum blauen Meer.
Siehe — durch die blauen Wogen
Kommt der weiße Schwan gezogen.
»Sei gegrüßt, mein Fürst! Warum
Wandelst du so trüb und stumm?
Sprich, was ist dir angetan?«
So den Fürsten fragt der Schwan.
Trüb der Fürst dem Schwan entgegnet:
»Ist kein Unglück mir begegnet,
Und doch traurig ist mein Sinn,
Zu dem Vater zieht mich's hin!«

Drauf der Schwan: »Wünschst du nichts
mehr!
Folg dem Schiffe übers Meer,
Fliege hin zu deinem Glücke,
Nimm Gestalt an einer Mücke!«
Und der Schwan bewegt die Schwingen,
Dass die Wellen hochauf springen,
Übers Ufer springen sie,
Fürst Gwidon verschlingen sie,
Der ins Meer bis übers Ohr kommt
Und als Mücke dann hervorkommt.
Und die Mücke schwirrt einher,
Fliegt zum Schiffe übers Meer,
Sucht in einer Spalte dort
Einen sichern Zufluchtsort.

»Liebe Gäste, seid willkommen!
Sagt mir doch, wo kommt ihr her?
Wart ihr lange auf dem Meer?
Und jenseits des Meers, wie war es,
Saht ihr dort viel Wunderbares?«
Und der Schiffsherr sprach zum Zaren:
»Haben alle Welt umfahren,
Jenseits auch der Meeresflut
Ist es schön und lebt sich's gut;
Doch das größte Wunder sahn
Wir im blauen Ozean!
Ragte aus den Fluten weiland
Nackt und kalt ein Felseneiland;
Nichts wuchs da als eine Eiche —
Jetzt steht eine wunderreiche

Lustig weht und pfeift der Wind,
Und das Schifflein fliegt geschwind,
Fliegt vom Inselland Bujan,
Zu dem Reich des Zaren Saltan.
Und das heißersehnte Land
Taucht empor am Himmelsrand.
Schon am Ufer sind die Gäste,
Zar Saltan lädt sie zum Feste,
Und es fliegt die Mücke klein
Ihnen nach ins Schloss hinein.
Auf dem goldnen Herrscherthrone
Sitzt Saltan mit goldner Krone.
Finster seine Augen blitzen.
Weberin und Köchin sitzen
Ihm zu Füßen, und als dritte
Babariche in der Mitte.
Sehen scharf auf sein Gesicht,
Hören eifrig, was er spricht,
Da der Zar das Wort genommen:

Große, schöne Stadt am Meer,
Gärten liegen ringsumher;
Im Palast, auf goldnem Thron,
Sitzt der Herrscher, Fürst Gwidon,
Der uns auftrug, als wir gingen,
Seine Grüße dir zu bringen.«
Staunend sprach der mächt'ge Zar
Zu den Schiffern: »Sprecht ihr wahr,
Will ich, lässt mich Gott am Leben,
Selbst zum Fürsten mich begeben.«
Weberin und Köchin sinnen,
Zu verhindern das Beginnen
Zar Saltans; mit Babariche
Sinnen sie auf arge Schliche,
Eine von dem Schwesternpaar
Spöttisch ruft: »Warum nicht gar!
Nachzulaufen solchem Plunder!
Ich weiß ein viel größres Wunder:
Fern am grünen Waldessaum,

Unter einem Tannenbaum,
Sitzt ein Eichhorn, singt und knackt
Nüsse zu des Liedchens Takt,
Nüsse, gar nicht zu bezahlen:
Ganz von Golde sind die Schalen.
Jeder Kern ist ein Smaragd —
's ist ein Wunder, wie gesagt!«
Zar Saltan erstaunte höchlich,
Dass ein solches Wunder möglich,
Doch die Mücke, zornerpicht,
In das Aug die Muhme sticht,
Dass sie sich vor Schmerzen windet
Und am rechten Aug erblindet.
Diener, Base, Schwester sprangen
Auf, das kleine Tier zu fangen:
»Warte du, wir wollen dich!«
Doch die Mücke rettet sich
Schnell durchs Fenster, fliegt hinaus
Übers blaue Meer nach Haus.
Fürst Gwidon geht spähend wieder
An dem Stande auf und nieder,
Siehe! Durch die dunklen Wogen
Kommt der weiße Schwan gezogen.
»Sei gegrüßt, mein Fürst! Warum
Wandelst du so trüb und stumm?
Sprich, was ist dir angetan?«
So den Fürsten fragt der Schwan.
Und der Fürst zur Antwort sagt:
»Nur ein Wunsch ist's, der mich plagt,
Eines großen Wunders gern
Macht ich mich durch zum Herrn:
Fern am grünen Waldessaum,
Unter einem Tannenbaum,
Sitzt ein Eichhorn, singt und knackt
Nüsse zu des Liedchens Takt.
Nüsse, gar nicht zu bezahlen:
Ganz von Golde sind die Schalen,
Jeder Kern ist ein Smaragd —
Wenn es wahr ist, was man sagt.«
Drauf der Schwan: »Ist es nichts weiter,
Was dich plagt, mein Fürst, sei heiter!
Jene Wundermär ist richtig,

Doch dein Gram darob ist nichtig,
Denn das Wunder kommt von mir,
Und in Freuden schenk ich's dir!«
Voll von seinem neuen Glück,
Kehrt der Fürst zum Schloss zurück:
Auf des Hofes breitem Raum
Steht ein schöner Tannenbaum;
Sieht der Fürst das Eichhorn sitzen,
Sieht die goldnen Nüsse blitzen,
Sieht es vor sich auf zwei Seiten
Gold und Edelsteine breiten,
Hört es dabei pfeifen, singen,
Und des Eichhorns Lieder klingen
Weit im Hofe auf und nieder,
Laut vor allem Volke wider.
Hoch erstaunte Fürst Gwidon,
Und er rief im Jubelton:
»Dank dir, Schwan., du machst mich reich!«
Und er ließ dem Eichhorn gleich

Ein kristallnes Haus bereiten,
Stellt davor zu beiden Seiten
Wachen; und ein Schreiber muss
Schriftlich zählen jede Nuss,
Dass des Eichhorns Ruhm und Ehre
Und des Fürsten Schatz sich mehre.
Weht der Wind vom Meere her,
Treibt ein Schifflein auf dem Meer,
Das, die Segel ausgebreitet,
Leicht und schnell die Flut durchgleitet,
Zu der steilen Insel schwimmt es,
Seinen Lauf zum Hafen nimmt es,
Als der Schuss vom Wall erschallt,
Macht das Schiff im Hafen halt;
Ladet man die Schiffer alle
Gastlich ein zur Fürstenhalle.
Als das reiche Mahl geendet,
Sich der Fürst zum Schiffsherrn wendet:
Fragt nach Herkunft, Reiseziel,
Tut noch andrer Fragen viel.
Und er hört zur Antwort sagen:
»Weit hat uns das Meer verschlagen,
Haben alle Welt durchwandelt,
Hengste gar vom Don gehandelt
Jetzt zur Heimkehr ist es Zeit,
Unser Weg führt uns noch weit:
Nach dem Inselland Bujan
In das Reich des Zaren Saltan...«
Sprach der Fürst: »Ein guter Stern
Führe euch, ihr lieben Herrn,
Durch den weiten Ozean
In das Reich des Zaren Saltan;
Seid ihr glücklich heimgefahren,
Grüßt von mir den mächt'gen Zaren!«
Schifften sich die Gäste ein,
Ging der Fürst zum Meer allein:
Siehe, durch die blauen Wogen
Kommt der weiße Schwan gezogen.
Spricht der Fürst: »Mich zieht mein Sinn
Wiederum zur Ferne hin!«
Wieder ließ der Schwan die Wellen
An dem Fürsten hochauf schnellen,
Der ins Meer bis übers Ohr kommt
Und als Fliege dann hervorkommt.
Auf dem Schiff bot ihm ein Spalt
Einen sichern Aufenthalt.
Lustig pfeift und weht der Wind,
Und das Schifflein fliegt geschwind
Nach dem Inselland Bujan,
Nach dem Reich des Zaren Saltan;
Und das heißersehnte Land
Taucht empor am Himmelsrand.
Schon am Ufer sind die Gäste,
Zar Saltan lädt sie zum Feste.
Und es fliegt die Fliege klein
Ihnen nach ins Schloss hinein.
Auf dem goldnen Herrscherthrone
Sitzt Saltan mit goldner Krone.
Finster seine Augen blitzen.
Weberin und Köchin sitzen
Ihm zu Füßen, und als dritte
Babariche in der Mitte;
Sehen schart auf sein Gesicht,
Merken eifrig, was er spricht,
Da der Zar das Wort genommen:
»Liebe Gäste, seid willkommen!
Sagt mir doch, wo kommt ihr her?
Wart ihr lange auf dem Meer?

Und jenseits des Meers, wie war es,
Saht ihr dort viel Wunderbares?«
Und der Schiffsherr sprach zum Zaren:
»Haben alle Welt umfahren,
Jenseits auch der Meeresflut
Ist es schön und lebt sich's gut:
Doch das größte Wunder sahn
Wir im blauen Ozean:
Eine Insel steigt dort auf,
Eine Stadt dehnt sich darauf,
Stolz gebaut mit Türmen, Zinnen,
Goldne Kuppeln blitzen drinnen.
Vor dem Schloss auf weitem Raum
Steht ein hoher Tannenbaum;
Im kristallnen Häuschen drunter
Sitzt ein Eichhorn, zahm und munter,
Und dies Eichhorn singt und knackt
Nüsse zu des Liedchens Takt,
Nüsse, gar nicht zu bezahlen,
Ganz von Golde sind die Schalen,
Jeder Kern ist ein Smaragd.
Krieger, Diener halten Wacht.
Ein besondrer Schreiber muss
Schriftlich zählen jede Nuss,
Die es knackt, und von dem Heere
Wird ihm kriegerische Ehre.
Aus den schalen prägt man Geld
Und verteilt es in der Welt.
Mit den bunten Edelsteinen
Füllt man Kisten dort und Scheunen.
Hütten gibt's dort nicht zu sehn,
Weit und breit Paläste stehn,
In der Burg, auf goldnem Thron
Herrscht der mächt'ge Fürst Gwidon,
Der uns auftrug, als wir gingen,
Seine Grüße dir zu bringen.«
Staunend sprach der mächt'ge Zar
Zu den Schiffern: »Sprecht ihr wahr,
Will ich, lässt mich Gott am Leben,
Selbst zum Fürsten mich begeben.«
Weberin und Köchin sinnen,
Zu verhindern das Beginnen
Zar Saltans; mit Babariche
Sinnen sie auf arge Schliche.

Spricht die Weberin zum Zar:
»Nun, was ist da wunderbar,
Dass ein Eichhorn Nüsse nagt,
Ganz von Gold und von Smaragd!
Ob auch wahr sei, was er spricht,
Wunderbares ist es nicht!
Ich will dir ein Wunder sagen:
Hoch im Meer die Wellen schlagen,
Brausen, zischen, stürmen, toben,
Wälzen schäumend sich nach oben
Auf den nackten, öden Strand,
Überschwemmen rings das Land —
Plötzlich, flammend wie Gewitter,
Springen dreiunddreißig Ritter
Aus der Flut, in blankem Stahl,
Junge Riesen allzumal,
Hochgemut, von stolzer Schöne,
Auserwählte Heldensöhne,
Ein gewalt'ger Reckenchor,
Und es führt sie Tschernomor.
Solch ein Wunder lässt sich hören,
Dass es wahr ist, will ich schwören.«
Und die Gäste schweigen still,
Da sich niemand zanken will.
Zar Saltan erstaunte höchlich,
Dass ein solches Wunder möglich;
Doch die Fliege, zornerpicht,
In das Aug die Muhme sticht,
Dass sie sich vor Schmerzen windet
Und am linken Aug erblindet.
Diener, Base, Schwester sprangen
Auf, das kleine Tier zu fangen:
»Warte nur, wir wollen dich!«
Doch Gwidon im Nu entwich
Durch das Fenster, flog hinaus
Übers blaue Meer nach Haus.
Und am Meeresstrande wieder
Geht er spähend auf und nieder.
Siehe! Durch die dunklen Wogen
Kommt der weiße Schwan gezogen:
»Sei gegrüßt, mein Fürst! Warum
Wandelst du so trüb und stumm?
Sprich, was ist dir angetan?«
So den Fürsten fragt der Schwan.
Und der Fürst zur Antwort sagt:
»Höre, was mein Herz zernagt:
Eines großen Wunders gern
Macht ich mich durch dich zum Herrn!«
»Willst du mir das Wunder sagen?«
»Hoch im Meer die Wellen schlagen,
Brausen, zischen, stürmen, toben,
Wälzen schäumend sich nach oben
Auf den nackten, öden Strand,
Überschwemmen rings das Land —
Plötzlich, flammend wie Gewitter,
Springen dreiunddreißig Ritter
Aus der Flut, in blankem Stahl,
Lunge Riesen allzumal,
Hochgemut, von stolzer Schöne,
Auserwählte Heldensöhne,
Ein gewalt'ger Reckenchor,
Und es führt sie Tschernomor.«
Und der Schwan zur Antwort sagt:
»Das ist alles, was dich plagt?
Jene Wundermär ist richtig,
Doch dein Gram darob ist nichtig,
Denn die Retter alle sind
Meine Brüder, und geschwind
Kommen sie, wenn ich es will.
Geh nur heim und warte still.«
Ging der Fürst getröstet wieder
In sein Schloss. Vom Turme nieder

Schaut er: Sieht das Meer sich bäumen,
Übers nackte Ufer schäumen;
Plötzlich, flammend wie Gewitter,
Springen dreiunddreißig Ritter
Aus der Flut, in blankem Stahl,
Junge Riesen allzumal;
Paarweis zieht die stolze Schar.
Glänzend in schneeweißem Haar
Schreitet Tschernomor voran,
Führt sie zu der Stadt hinan.
Und vom Turm, auf schnellen Füßen,
Seine Gäste zu begrüßen,
Eilt Gwidon, das Volk ihm nach,
Und der Führer also sprach:
»Auf Befehl des Schwans erschienen
Sind wir, Fürst, um dir zu dienen,
Deine stolze Stadt zu wahren
Und zu schützen vor Gefahren.
Jeden Tag um diese Stunde
Steigen wir vom Meeresgrunde
Künftig auf an dieser Stelle
Und umschreiten deine Wälle.
Lass uns nun zurück zum Meer,
Denn die Erdenluft ist schwer,
Drückt uns hart, sooft wir landen.«
Sprach's, und allesamt verschwanden.
Weht der Wind vom Meere her,
Treibt ein Schifflein auf dem Meer,
Das, die Segel ausgebreitet,
Leicht und schnell die Flut durchgleitet.
Zu der steilen Insel schwimmt es,
Seinen Lauf zum Hafen nimmt es.
Als der Schuss vom Wall erschallt,
Macht das Schiff im Hafen halt;
Ladet man die Schiffer alle
Gastlich ein zur Fürstenhalle.
Als das reiche Mahl geendet,
Sich der Fürst zum Schiffsherrn wendet:
Fragt nach Herkunft, Reiseziel,
Tut noch andrer Fragen viel.
Und er hört zur Antwort sagen:
»Weit hat uns das Meer verschlagen,
Haben alle Welt durchwandelt,
Silber, Gold und Stahl verhandelt;
Jetzt zur Heimkehr ist es Zeit,
Denn uns führt der Weg noch weit:
Nach dem Inselland Bujan
In das Reich des Zaren Saltan...«
Sprach der Fürst: »Ein guter Stern
Führe euch, ihr lieben Herrn,
Durch den weiten Ozean
Zum berühmten Zar Saltan;
Seid ihr glücklich heimgefahren,
Grüßt von mir den mächt'gen Zaren!«
Schifften sich die Gäste ein.
Ging der Fürst zum Meer allein:
Siehe! Durch die blauen Wogen
Kommt der weiße Schwan gezogen.
Spricht der Fürst: »Mich zieht mein Sinn
Wiederum zur Ferne hin!«
Wieder ließ der Schwan die Wellen
An dem Fürsten hochauf schnellen,
Der ins Meer bis übers Ohr kommt
Und als Wespe dann hervorkommt.
Und die Wespe summt und streicht,
Hat das Schifflein bald erreicht,
Sucht in einer Spalte dort
Einen sichern Zufluchtsort.
Lustig pfeift und weht der Wind,
Und das Schifflein fliegt geschwind
Nach dem Inselland Bujan,
Nach dem Reich des Zaren Saltan.

Und das heißersehnte Land
Taucht empor am Himmelsrand.
Schon am Ufer sind die Gäste,
Zar Saltan lädt sie zum Feste.
Und es fliegt die Wespe klein
Ihnen nach ins Schloss hinein.
Auf dem goldnen Herrscherthrone
Sitzt Saltan mit goldner Krone.
Finster seine Augen blitzen.
Weberin und Köchin sitzen
Ihm zu Füßen, und als dritte
Babariche in der Mitte.
Und vieräugig, wie sie waren,
Sehn die dreie auf den Zaren,
Der alsbald das Wort genommen:
»Liebe Gäste, seid willkommen!
Sagt mir doch, wo kommt ihr her?
Wart ihr lange auf dem Meer?
Und jenseits des Meers, wie war es,
Saht ihr dort viel Wunderbares?«
Solche Antwort ward dem Zaren:
»Haben alle Welt umfahren,
Jenseits auch der Meeresflut
Ist es schön und lebt sich's gut.
Doch das größte Wunder sahn
Wir im blauen Ozean:
Eine Insel steigt dort auf,
Eine Stadt dehnt sich darauf;
Meereswellen stürmen, toben,
Wälzen schäumend sich nach oben
Auf den nackten, öden Strand,
Überschwemmen rings das Land —
Plötzlich, flammend wie Gewitter,
Springen dreiunddreißig Ritter
Aus der Flut, in blankem Stahl,
Junge Riesen allzumal,
Hochgemut, von stolzer Schöne,
Auserwählte Heldensöhne,
Ein gewalt'ger Reckenchor,
Und es führt sie Tschernomor.
Täglich zu bestimmter Stunde
Steigen sie vom Meeresgrunde
Auf, die stolze Stadt zu wahren
Und zu schützen vor Gefahren.
Keine Wächterschar gleicht diesen
Auserkornen Heldenriesen.
In der Stadt auf goldnem Thron
Herrscht der mächt'ge Fürst Gwidon,
Der uns auftrug, als wir gingen,
Seine Grüße dir zu bringen.«
Staunend sprach der mächt'ge Zar
Zu den Schiffern: »Ist das wahr,
Will ich, lässt mich Gott am Leben,
Mich zum Fürsten selbst begeben.«
Weberin und Köchin wagen
Dieses Mal kein Wort zu sagen.
Mit verschmitztem Angesicht
Lächelnd Babariche spricht:
»Ob es falsch asst oder wahr,
Doch was ist da wunderbar,
Dass in Waffen und in Wehre
Menschen steigen aus dem Meere,
Besser als von solchen Helden
Will ich dir Wunder melden:
Lebt ein Zarentöchterlein
Überm Meer, so schön und fein,
Dass sie tags das Licht verdunkelt,
Nächtens wie die Sonne funkelt,

Glänzt ein Mond in ihrem Haar,
Auf der Stirn ein Sternlein klar.
Majestätisch ist die Frau,
Schreitet stolz, gleich einem Pfau,
Und ihr Stimmchen klingt so hell
Wie im Wald ein Rieselquell.
Solche Wundermär wie meine
Gibt es sonst auf Erden keine!«
Und die Gäste schweigen still,
Da sich niemand zanken will.
Zar Saltan erstaunte höchlich,
Dass ein solches Wunder möglich.
Fürst Gwidon war ungehalten,
Doch es jammert ihn der Alten;
Mit Gebrumm und mit Gesumm
Fliegt er lang um sie herum,
Fliegt ihr mitten auf die Nase,
Sticht sie — eine große Blase
Schwoll empor — und alles schrie:
»Fangt die Wespe, tötet sie!
Warte du, wir wollen dich!«
Doch Gwidon im Nu entwich
Durch das Fenster, flog hinaus
Übers blaue Meer nach Haus.
Und am Meeresstrande wieder
Geht er spähend auf und nieder:
Siehe! Durch die dunklen Wogen
Kommt der weiße Schwan gezogen:
»Sei gegrüßt, mein Fürst! Warum
Wandelst du so trüb und stumm?
Sprich, was ist dir angetan?«
So den Fürsten fragt der Schwan.

Und der Fürst zur Antwort sagt:
»Höre, was mein Herz zernagt:
Alle Menschen frein, ich sehe,
Dass nur ich noch ledig gehe...«
»Wen hast du dir denn erkoren?«
Fragt der Schwan. — »Mir kam zu Ohren,
Dass ein Zarentöchterlein
Lebt, so wunderschön und fein,
Dass sie tags das Licht verdunkelt,
Nächtens wie die Sonne funkelt,
Glänzt ein Mond in ihrem Haar,
Auf der Stirn ein Sternlein klar,
Majestätisch ist die Frau,
Schreitet stolz, gleich einem Pfau,
Und ihr Stimmchen tönt so hell
Wie im Wald ein Rieselquell.
Aber ist es wahr auch, sage?«
Voller Angst stellt er die Frage.
Sinnend schweigt der weiße Schwan,
Und dann hebt er also an:
»Ehestand hat schwere Pflicht,
Eine Gattin kann man nicht
Von der Hand wie Handschuh streifen
Und nach einer andern greifen.
Drum erwäg es erst vernünftig,
Dass du nichts bereuest künftig.«
»Möge Gott mein Zeuge sein,
Dass es Zeit für mich, zu frein«,
Sprach der Fürst. »Schon Rat gepflogen
Hab ich, alles wohl erwogen,
Und so stark treibt mich mein Sinn
Zu der Zarentochter hin:
Sie zu sehn, zu Fuße gerne
Ging' ich bis zur weitsten Ferne!«
Seufzt der Schwan tief auf und spricht:
»Weit zu gehen brauchst du nicht,
Sieh, dein Schicksal ist dir nah,
Bin die Zarentochter ja!«
Sprach's und schwang sich aus den Wogen,
Kam zum Uferland geflogen,
Ins Gebüsch sank er geschwind
Und erschien als Zarenkind.

№ 2856 п. Палех
Е. Небогатова

Glänzt ein Mond in ihrem Haar,
An der Stirn ein Sternlein klar,
Majestätisch ist die Frau,
Stolz geht sie, gleich wie ein Pfau,
Und ihr Stimmchen klingt so hell
Wie im Wald ein Rieselquell.
Fürst Gwidon in Wonne schaut
Seine königliche Braut,
Küsst sie, und mit frohem Sinn
Führt er zur Mutter hin,
Der zu Füßen sinkt der Sohn,
Spricht in flehentlichem Ton:
»Mütterchen, der Wunsch mich quälte,
Dass ich mir ein Weib erwählte,
Diese hab ich nun gewinnt
Mir zum Weib und dir zum Kind.
Liebend kam sie mir entgegen,
Und nichts fehlt uns als dein Segen!«
Und gerührt die Mutter stand,
Nahm ein Heil'genbild zur Hand,
Ein geweihtes, wunderbares,
Hielt es übers Haupt des Paares,
Weinte, schluchzte laut vor Freude,
Segnete die Kinder beide.
Was in Liebe sich gefunden,
Ward in Liebe bald verbunden.
Und sie lebten wohlgemut,
Wartend auf die junge Brut.
Weht ein Wind vom Meere her,
Treibt ein Schifflein auf dem Meer,
Das, die Segel ausgebreitet,
Leicht und schnell die Flut durchgleitet,
Zu der steilen Insel schwimmt es,
Seinen Lauf zum Hafen nimmt es.
Als der Schuss vom Wall erschallt,
Macht das Schiff im Hafen halt.
Ladet man die Schiffer alle
Gastlich ein zur Fürstenhalle.
Als das reiche Mahl geendet,
Sich der Fürst zum Schiffsherrn wendet:
Fragt nach Herkunft, Reiseziel,
Stellt noch andrer Fragen viel.

Und er hört zur Antwort sagen:
»Weit hat uns das Meer verschlagen.
Haben alle Welt durchfahren,
Handeln mit verbotnen Waren.
Jetzt zur Heimkehr ist es Zeit,
Denn uns führt der Weg noch weit:
Nach dem Inselland Bujan
In das Reich des Zaren Saltan.«
Sprach der Fürst: »Ein guter Stern
Führe euch, ihr lieben Herrn,
Durch den weiten Ozean
Zum berühmten Zaren Saltan!
Seid ihr glücklich heimgefahren,
Grüßt von mir den mächt'gen Zaren,
Und erinnert ihr, zu kommen,
Wie er oft sich vorgenommen.«
Und das Schifflein zog hinaus.
Doch der Fürst blieb heut zu Haus.
Lustig pfeift und weht der Wind,
Und das Schifflein fliegt geschwind
Nach dem Inselland Bujan,
Nach den Reich des Zaren Saltan.
Und das heißersehnte Land
Taucht empor am Himmelsrand.
Schon am Ufer sind die Gäste,
Zar Saltan lädt sie zum Feste.
Auf dem goldnen Herrscherthrone
Sitzt Saltan mit goldner Krone.
Finster seine Augen blitzen.
Weberin und Köchin sitzen
Ihm zu Füßen, und als dritte
Babariche in der Mutte.
Und vieräugig, wie sie waren,
Sahn die dreie auf zum Zaren,
Der alsbald das Wort genommen:
»Liebe Gäste, seid willkommen!
Sagt mir doch, wo kommt ihr her?
Wart ihr lange auf dem Meer?
Und jenseits des Meers, wie war es,
Saht ihr dort viel Wunderbares?«
Solche Antwort ward dem Zaren:
»Haben alle Welt umfahren,

Jenseits auch der Meeresflut
Ist es schön und lebt sich's gut;
Doch die größten Wunder sahn
Wir im blauen Ozean:
Eine Insel steigt dort auf,
Eine Stadt dehnt sich darauf,
Stolz gebaut mit Türmen, Zinnen,
Goldne Kuppeln blitzen drinnen.
Vor dem Schloss auf weitem Raum
Steht ein hoher Tannenbaum;
Im kristallnen Häuschen drunter
Sitzt ein Eichhorn zahm und munter,
Und dies Eichhorn singt und knackt
Nüsse zu des Liedchens Takt,
Nüsse, gar nicht zu bezahlen,
Ganz von Golde sind die Schalen,
Jeder Kern ist ein Smaragd;
Treulich wird das Tier bewacht.
Noch von Wundern kann ich sagen:
Hoch im Meer die Wellen schlagen,
Brausen, zischen, stürmen, toben,
Wälzen schäumend sich nach oben
Auf den nackten, öden Strand,
Überschwemmen rings das Land —
Plötzlich, flammend wie Gewitter,
Springen dreiunddreißig Ritter
Aus der Flut, in blankem Stahl,
Junge Riesen allzumal,
Hochgemut, von stolzer Schöne,
Auserwählte Heldensöhne,
Ein gewalt'ger Reckenchor,
Und es führt sie Tschernomor.
Keine Kriegerschar gleicht diesen
Auserkornen Heldenriesen!

Und der Herrscher jener Stadt
Solch ein schönes Frauchen hat,
Dass sie tags das Licht verdunkelt,
Nächtens wie die Sonne funkelt,
Glänzt ein Mond in ihrem Haar,
An der Stirn ein Sternlein klar.
In dem goldenen Palaste
Lud uns Fürst Gwidon zu Gaste
Und befahl uns, als wir gingen,
Seine Grüße dir zu bringen,
Dich zu mahnen, bald zu kommen,
Wie du oft dir vorgenommen.«
Neu erwacht des Zars Gelüsten.
Eilig lässt er Schiffe rüsten.
Weberin und Köchin sinnen,
Zu verhindern das Beginnen;
Mit der Base Babariche
Denken sie an neue Schliche —
Doch Saltan will sie nicht hören:
»Wollt ihr mich schon wieder stören?
Bin ich Zar noch, bin ich Kind?
Rüstet euch zur Fahrt geschwind,
Heut noch fahr ich.« Und er machte
So die Tür zu, dass es krachte.
Sitzt am Fenster Fürst Gwidon,
Blickt in Schweigen lange schon
Nieder auf das blaue Meer.
Trübt kein Sturm die Fläche mehr,
Und es späht der Fürst und sieht,
Fern dort eine Flotte zieht —
Durch den blauen Ozean
Schwimmt das Schiff des Zaren Saltan.
Fürst Gwidon mit einem Satze
Springt in Freuden auf vom Platze,

Springt hinunter von den Stufen,
Mutter und Gemahl zu rufen:
»Seht des Vaters Schiff, dort schwimmt es!
Seinen Weg zum Hafen nimmt es!«
Kommt der Stadt die Flotte nah.
Fürst Gwidon durchs Fernrohr sah —
Sieht er seinen Vater stehn,
Vom Verdeck durchs Fernrohr sehn.
Auch das böse Schwesternpaar
Und die Base mit ihm war.
Alle drei in Staunen stehen
Und das fremde Land besehen.
Plötzlich von Kanonen dröhnt es,
Und von Glockenläuten tönt es,
Fürst Gwidon kommt selbst gegangen,
Um den Zaren zu empfangen
Samt den Fraun, die ihn begleiten;
Feierlichen Zuges schreiten
Freudevollen Angesichts
Sie zur Stadt — Gwidon sagt nichts.
Nach dem goldenen Palaste
Führt er allesamt zu Gaste;
Sieh: Vor des Palastes Gitter
Stehen dreiunddreißig Ritter,
Riesenhaft von Wuchs, verwegen,
Auserkorne stolze Degen,
Ein gewalt'ger Reckenchor,
Und es führt sie Tschernomor.
Kommt der Zar zum Hofesraum,
Unterm hohen Tannenbaum
Sitzt das Eichhorn, singt und knackt
Nüsse zu des Liedchens Takt.
Goldne Nüsse, drin die Kerne
Edelsteine; nah und ferne
Liegen auf dem Hof die Schalen
Und von eitel Golde strahlen.
Aber starr die Gäste stehn,
Wie sie jetzt die Fürstin sehn!
Glänzt ein Mond in ihrem Haar,
An der Stirn ein Sternlein klar,
Stolz geht sie, gleich wie ein Pfau,
Führt am Arme eine Frau...
»Ist es Wahrheit, ist es Wahn!«
Ruft in Staunen Zar Saltan,
Als er seine Zarin sieht,
Die er schluchzend an sich zieht.
Nun erkannt er auch Gwidon,
Herzte, küsste seinen Sohn
Und das schöne Weib nicht minder.
Fröhlich führten ihn die Kinder
Nun zu Tische in den Saal —
Hei, gab das ein frohes Mahl!
Doch die bösen Schwestern schlichen
Sich hinweg mit Babarichen,
Suchten schnell sich zu verstecken,
Kaum noch kann man sie entdecken.
Und sie beichten voller Reue
Ihre Untat nach der Reihe;
Doch der Zar, der wohlgemut,
Schickt sie heim mit Hab und Gut.
Der Tag verging, und halb betrunken
Ist Saltan ins Bett gesunken...
Ich war dort, trank Met und Bier,
Nass ward nur der Schnauzbart mir.

1831

Вот мудрец перед Дадоном
Стал и вынул из мешка
Золотого петушка.
А. ВАТАГИН
ПАЛЕХ

MÄRCHEN VOM GOLDENEN HAHN

MÄRCHEN VOM GOLDENEN HAHN

Saß einmal, vor langen Zeiten, irgendwo
im neunmalweiten
Zarenreiche auf dem Thron der berühmte Zar Dadon.
Einst, in seinen jungen Jahren, der gefürchtetste
der Zaren,
Führt' er tapfer Streich auf Streich gegen manches
Nachbarreich.
Als das Alter aber nahte, blieb er still in seinem Staate
Und beschloss, in Frieden nun nichts zu tun —
als auszuruhn.
Doch die Nachbarn seines Reiches Taten jetzt
dem Zar ein Gleiches
Und bedrohten überall ihn mit Krieg und Überfall.
Um das Land vor den Gefahren eines Einfalls zu bewahren,
Unterhalten musste er ein gewaltig Kriegerheer.
Und die Feldherrn mit dem Heere setzten wacker
sich zur Wehre,
Stritten spät und stritten früh — doch vergebens
war die Müh.
Stehn sie weit im Westen Posten, schlüpft der Feind
ins Land von Osten;
Sie nach Osten — er, zum Hohn, jetzt vom Meer her.
Zar Dadon
Weinte nur vor Gram und Kummer, fand nicht Schlaf
und fand nicht Schlummer.
Um die Zeit, da dies geschehn, lebt' ein weiser Sarazen,

Weit gerühmt als Sternendeuter. Eilends kam vom Zar
ein Reiter,
Grüßte von Dadon und bat: »Hilf mit einer Wundertat!«
Vor Dadon erschien der Weise, neigte tief
das Haupt, das greise,
Griff in einen Sack und holt' einen Hahn hervor aus Gold.
»Diesen Hahn, den ich dir reiche«, sprach er,
»setz auf eine Speiche,
Und mein goldner Vogel hier wird, ein treuer Wächter dir,
Deines Reiches Grenzen Schützen. Schweigend wird
er oben sitzen,
Wie im Schlafe eingenickt, wenn dein Staat in Frieden liegt;
Kaum jedoch, dass sich verwegen wieder deine Feinde
regen,
Krieg und Unheil, Zar Dadon, irgendwo dem Lande drohn,
Wird der Hahn im Nu erbeben und ein wild Geschrei
erheben,
Jener Seite zugewandt, wo Gefahr droht deinem Land.«
Zar Dadon, in seinem Glücke, er versprach im Augenblicke
Goldne Berge ihm zum Lohn, »Für den Dienst« —
so sprach Dadon —
»Will ich deinen ersten Willen, den du kundtust, dir erfüllen,
Was auch immer dein Begehr — gleich als ob's mein
eigner wär.«
Treu, von seiner hohen Speiche, wachte nun der Hahn
im Reiche.
Kaum gewahrt' er irgendwo, dass Gefahr dem Zaren droh',
Fuhr im Nu er in die Höhe und erhob ein wild Gekrähe:
»Kikerii — Kerikukuh! Schlaf nur, Zar, regier in Ruh.«

Und wie einst, in frühern Zeiten, schlug Dadon nach
allen Seiten,
Und kein einzig feindlich Heer wagte einen Einfall mehr.
Jahre kamen, gingen friedlich, und der Hahn saß
unermüdlich.
Da geschah's im achten Jahr — Tief im Schlummer
lag der Zar —,
Dass ein wild Geschrei ihn weckte, aus dem besten Schlaf ihn
schreckte.
»Zar!« — so schrie sein Feldherr, bleich, »Wieder droht Gefahr
dem Reich.
Vater deines Volks, erwache!« »Meine Herrn, was gibt's?
Zur Sache!
Wer bedroht mein Reich? Wer rief!« — sprach Dadon
und gähnte tief.
»Zar, ich kam, um dich zu wecken, in der Hauptstadt Lärm
und Schrecken:
Auf der Speiche, heute nacht, ist der goldne Hahn erwacht;
Kräht nach Osten. Zum Palaste Strömt das Volk.«
Dadon erblasste.
Sprang ans Fenster: welch ein Bild! Oben schreit
der Hahn wie wild.
»Nicht gezögert, schnelle, schnelle, auf, zu Pferd!« —
Und auf der Stelle
Zog ein Heer aus von Dadon mit dem jüngern Zarensohn.
Wieder ward es still im Reiche, 's schwieg der Hahn
auf seiner Speiche,
Zar Dadon, er gähnte tief, sank in seinen Thron — und schlief.
Sieben Tage gingen ohne Nachricht hin vom Zarensohne.

Kam's zum Kampfe? Oder nicht? Keine Kunde! Kein Bericht!
Und am achten Tage plötzlich fängt der Hahn aufs
neu entsetzlich
Von dem Posten an zu krähn und nach Osten sich zu drehn.
Zar Dadon vernahm die Kunde, ließ ein Heer
zur selben Stunde
Mit dem ältern Sohne gehn, um dem jüngern beizustehn.
Wieder warn in Furcht und Bangen sieben Tage hingegangen,
Ohne dass dem Zar Dadon Nachricht kam von seinem Sohn.
Und am achten Tage: wieder Sträubt der Hahn
sein Goldgefieder,
Schaut nach Osten hin — und kräht. Zar Dadon sprach
ein Gebet
Zu Elias, dem Propheten, nahm sein Schwert, gleich
nach dem Beten,
Und mit einem dritten Heer zog nach Osten selber er.
Und das Heer geht sieben Tage, und der Feldzug
wird zur Plage,
Und kein Feind ist noch zu sehn und kein Schlachtfeld
zu erspähn.
Keine Spur von Kriegerleichen, Heldengräbern
und dergleichen —
Nichts gewahrte Zar Dadon. Welch ein Wunder!
dacht er schon.
Und es neigt zum achten Male sich die Sonne schon
zu Tale —
Ins Gebirge tritt der Zar! Welch ein Anblick, wunderbar!
Vor Dadons erstaunten Blicken, zwischen hohen
Bergesrücken,
Mitten in die Schlucht gestellt, schimmert hell
ein Seidenzelt.
In der Schlucht, von Blut gerötet: eine Kriegerschar
getötet —
Schweigend, wie verzaubert lag alles rings. Dadon erschrak.
Eilte hin zum Zelt. Entsetzlich! Seine Söhne sah er plötzlich,
Sah sie bleich und blutbedeckt auf dem Rasen hingestreckt,
Ohne Helm und Panzer beide; leblos, vor dem Zelt aus Seide,
Hielten sie einander dort mit den Schwertern sich durchbohrt.
Und es irrten ihre Pferde über aufgestampfte Erde.
»Wehe! wehe!« schrie der Zar, raufte wild sein greises Haar.
»Meine Falken, meine Schätze lockte wer seine Netze.
Wehe mir! Und weh dem Staat! Meine letzte Stunde naht.«
Nach Dadon — auf zwanzig Meilen ward gehört
des Heeres Heulen,
Bis hinauf zu Bergeshöhn drang ihr Jammer und Gestöhn,
Bis hinab zum tiefsten Tale klang ihr Weh. Mit einem Male,
Wie berührt von Zauberhand, tat sich auf die Seidenwand:
Aus dem Zelte, jung und blühend, wie das Morgenrot
erglühend,

Trat die Zarin Schamachan vor Dadon — und sah ihn an.
Und Dadon, ihr zugewendet, wie die Eule, die geblendet
Von dem Morgensonnenstrahl, wurde stumm mit einemmal.
Sah verzückt nur auf die Schöne und vergass
die beiden Söhne,
Ihren Tod und seinen Gram. Lächelnd ihm entgegen kam
Nun die Zarin. Sich verneigend, nahm sie ihn am Arme
schweigend,
Und voll Anmut zog sie ihn sanft zu ihrem Zelte hin.
Als sie dann im Zelte waren, setzte sie zu Tisch den Zaren,
Labte köstlich ihn und tat auf ein Bett ihn aus Brokat.
Sieben Tag und sieben Nächte schwelgte Zar Dadon
und zechte,
Unterwarf sich ganz dem Bann der Zariza Schamachan.
In der achten Morgenröte stand er auf vom Frühgebete,
Nahm die Jungfrau und die Schar — in die Heimat zog der Zar.
Und es lief von Mund zu Munde schon die wundersame
Kunde
Von der schönen Schamachan, von der Zarin, weit voran,
Bis zur Residenz im Staate. Als Dadon sich dieser nahte,
Strömte jubelnd, mit Geschrei, zum Empfang das Volk herbei,
Drängte sich in dichten Scharen um den heimgekehrten
Zaren
Und begrüßte froh und laut Zar Dadon und seine Braut.
Zar Dadon zeigt sich der Menge. Da erblickt er im Gedränge,
Einem Schwane gleich, so weiß, einen Sarazenengreis —
Seinen Freund, den Sternendeuter. »Ah, willkommen!«
wendet heiter
Sich zum Alten hin der Zar. »Sah dich lange nicht, fürwahr.
Näher, näher, Freund, zu mir her, und erzähl, was führt
dich hierher?
Nun? Was steht zu Diensten? Sprich!« »Zar Dadon,
entsinnst du dich,
Was du mir versprachst vor Jahren?« Wandte dieser sich
zum Zaren.
»Für den goldnen Hahn zum Lohn, sprachst du damals,
Zar Dadon,
Will ich deinen ersten Willen, den du kundtust, dir erfüllen,
Was auch immer dein Begehr, gleich als ob's mein eigner wär.
Nun, was du versprachst, das will ich Fordern jetzt,
wie's recht und billig!

Schenk mir für den goldnen Hahn die Zariza Schamachan.«
Sprachlos bleib der Zar. Er traute seinen Ohren kaum
und schaute
Ganz entsetzt den Alten an. »Ach, die Zarin!« rief er dann.
»Bist von Sinnen, ohne Zweifel, oder spricht aus dir der Teufel.
Welch ein Wunsch! Was fällt dir ein! Ich versprach's,
ich sag nicht nein;
Doch für alles gibt es endlich seine Grenzen
selbstverständlich.
Und wozu die Jungfrau dir? Alter, sei vernünftig mir:
Was dein Herz ersehnt, begehr es, sprich es aus,
und ich gewähr es,
Wär's auch ein Bojarenschloss, ein Palast, ein Zarenross,
Nimm das edelste des Stalles, wünsch dir meinen
Kronschatz, alles —
Ich gewähr's, und wenn es gleich auch mein halbes
Zarenreich.«
»Will kein Zarenross zum Lohne, will nicht Schloss noch
Zarenkrone;
Gib mir für den goldnen Hahn die Zariza Schamachan.
Weiter nichts, nur sie begehr ich.« »Nicht — dann nicht!
Zum Teufel scher dich!«
Heftig spuckte aus der Zar: »Nichts bekommst du, alter Narr.
Aus den Augen mir, geschwinder! Schafft ihn fort, den alten
Sünder.
Fort mit ihm, solang er heil!« Eine kurze, bange Weil
Stand der Alte noch im Zaudern. Doch mit Zarn ist nicht
gut plaudern.
Seinen Stab erhob Dadon, auf die Stirne traf Dadon —
Lautlos brach der Alte nieder, und im Augenblick verschied er.
Schaudernd steht das Volk und schaut wie erstarrt.
Kein Sterbenslaut
War zu hören rings im Kreise. Nur die Jungfrau lachte leise:
»Ha-ha-ha!« und »hi-hi-hi!« — Keine Sünde fürchtet sie.
Und Dadon, noch heiß vom Streite, neigt sich liebevoll
zur Seite
Hin zur Schönen Schamachan: Schaut sie zärtlich
lächelnd an.
In die Stadt, in hellen Scharen, zieht das Volk ein
mit dem Zaren —
Düster blickt der goldne Hahn. Wie sie dem Palaste nahn,

Da erblitzt er und erklingt er, vor dem ganzen Volke springt er
Auf den Scheitel Zar Dadon, hackt hinein — und schwirrt davon.
Leblos, wie vom Blitz erschlagen, sank Dadon aus seinem Wagen.
Und die Jungfrau — sie verschwand von der Stelle, wo sie stand;
Blieb bis heute noch verschwunden niemand hat sie je gefunden.

Nur ein Märchen war's, nicht mehr — doch sei's manchem eine Lehr.
»Nicht gezögert, schnelle, schnelle, auf, zu Pferd!« — Und auf der Stelle
Zog ein Heer aus von Dadon mit dem jüngern Zarensohn.
Wieder ward es still im Reiche, 's schwieg der Hahn auf seiner Speiche,
Zar Dadon, er gähnte tief, sank in seinen Thron — und schlief.

1834

№ 1184

С. ПАЛЕХ И. БАКАНОВ 1934

MÄRCHEN VON DEM POPEN UND SEINEM KNECHT TROTTEL

Es war einmal im Land
Ein Pope – »Dummköpf« genannt.
Er begab sich auf den Markt, mit eignen Augen
Zu sehen, was die Waren taugen.
Dort begegnet ihm Trottel, der Wicht,
Wohin des Wegs, weiß er selber nicht.
»Was, Onkelchen, so früh erschienen –
Womit kann ich Euch dienen?«
Da spricht der Pope: »Einen Knecht brauch ich, Kleiner,
Koch soll er sein, Stallbursche, Schreiner,
Weißt du einen Diener, an
Welchem ich recht sparen kann?«
Trottel spricht: »Ich will dir dienen mit Vergnügen,
Fleißig sein und mich in alles fügen.
Nasenstüber kriegst du dafür jährlich dreie –
Und ich gekochte Kleie.«
Der Pope bemüht sein Gehirn
Und kratzt sich dabei die Stirn:
Nasenstüber hin und Nasenstüber her –
Vielleicht wird's nicht so schwer,
Darum sagt er: »Ist gut, schlag ein.
Wir können handlungseinig sein.
Kannst in meinem Hause leben,
Eifer zeigen und Bestreben.«
So lebt denn Trottelchen im Popenhause,
Schläft auf Stroh in der Klause.
Trottel futtert für viere und lacht,
Weil er für sieben die Arbeit macht.
Früh schon wirbelt alles im Haus. Und wacker
Spannt er das Pferd an, pflügt den Acker,
Heizt den Ofen, räumt auf, kauft ein,
Kocht Eier, schält sie selbst, alles allein.

Die Popenfrau lobt ihn in allen Sachen.
Die Popentochter seufzt – was soll sie weiter
machen?
»Vater« nennt ihn der Popensohn,
Der Knecht kocht ihm Brei und spielt »Postillion«.
Nur der Pope kann den Knecht nicht leiden,
Er lobt ihn nie, versucht Trottel zu meiden.
An die Bezahlung muss er stündlich denken,
Die Frist vergeht, der Knecht wird ihm
nichts schenken,
Er isst nicht, trinkt nicht, schläft nicht; im Dunkeln
Beginnt schon jetzt seine Nase zu funkeln.
Da gesteht er der Frau seine Lage:
»So und so – was mach ich nun – sage.«
Eine Frau ist immer schlau,
Allerlei Listen ersinnt eine Frau.
»Ich weiß ein Mittel«, sagt sie, »du wirst sehen,
Uns kann solch Unglück nicht geschehen.
Trag dem Trottel eine Arbeit an,
Die er nie und nimmer schaffen kann,
So wird er deine Nase nie anfassen,
Denn du kannst ihn ohne Lohn entlassen.«
Leichter wurde es da dem Pfaffen,
All seinen Mut zusammenzuraffen,
Und er rief: »Komm doch mal her,
Mein treuer Trottelbär!
Hör, das Teufelspack ist verpflichtet,
Dass es mir mein Lebtag Tribut entrichtet.
Wer kann eine bessere Rente schnappen?
Doch seit drei Jahren will das nicht klappen. –
Iss deine Grütze und hol dann im Sack
Die fälligen Raten vom Teufelspack!«
Mit Streiten hatte Trottel nichts im Sinn,
Er setzte sich ans Meeresufer hin,
Er drehte einen Strick, den tauchte er
Ins Meer.
Da kroch ein alter Teufel aus dem Nass:
»Ei, Trottelchen, was ist denn das?«
»Ich will, dass sich die Wellen biegen,
Um euch, ihr Sippschaft, kleinzukriegen.«
Ganz bekümmert war der Alte:
»Ach Trottel, warum die Zornesfalte?«
»Wieso: Warum? Ihr zahlt nicht mehr den Tribut,
Versäumt die Fristen, listige Brut!
Na, das gibt mal ein Vergnügen,
Prügel sollt ihr Hunde kriegen!«
»Trottel, wart, das hat noch Weile,
Der Tribut kommt ja in aller Eile,
Ich schicke dir meinen Enkel wegen der Fristen«,
Trottel denkt: Der ist leicht zu überlisten! –
Ein Teufelchen schickte der Großvater,
Das miaute wie ein hungriger Kater:
»Gegrüßt seid, Bauer Trottelmann,
Was ist mit dem Tribut, sag an!
Von Tributen habe ich nie gehört,

Die Sorge hat uns Teufel nie gestört.
Wie dem auch sei – damit wir beiden
Möglichst Zank und Leid vermeiden
Heute und auch hinterher:
Wer von uns beiden läuft schneller ums Meer?
Der Sieger bekommt die Entschädigung,
Solang wir laufen, sorgt man hier für Erledigung.«
Da hat der Trottel listig gelacht:
»Ihr habt euch was Feines ausgedacht!
Wie kannst du, Teufelchen, es wagen,
Dich mit mir, dem Trottel, im Wettstreit zu schlagen?
Ein feines Gegnerlein schicken die mir!

Wart mal, mein Brüderchen misst sich mit dir.«
Trottelchen rennt in den Wald,
Dort fängt er bald
Zwei Hasen. Treuherzig harrt der kleine
Teufel am Meer im Sonnenscheine.
Bei den Ohren packt Trottel den Hasen.
»Brüderchen, tanz, wie wir beide blasen. –
Und du, Teufelchen, bist noch nicht alt genug,
Mit mir dich zu messen, das wäre nicht klug.

Unnütze Mühe würde man's nennen,
Versuch erst, mit meinem Bruder zu rennen.
Eins – zwei – das gibt ein Späßchen,
Drei!« – Da laufen Teufel und Häschen!
Das Teufelchen lief ums Meer herum,
Das Häschen zum Wald, war nicht so dumm.
Nachdem es ums Meer herumgelaufen,
Kam Teufelchen an und konnte kaum schnaufen,
Lang hängt die Zunge, bald lang wie ein Lätzchen,
Schweißperlen verschmieren die Pfötchen
im Frätzchen.
Er denkt: Jetzt geb ich's dem Trottel mal saftig!
Doch der Trottel streichelt – wahrhaftig,
Sein Brüderchen und spricht: »Kleines Schätzchen,
Bist müde, ruh dich aus, mein Spätzchen.«
Das Teufelchen war einfach platt,
Zog's Schwänzchen ein und schaute matt
Zum Brüderchen, von der Seite, verstohlen.
Und flüsterte: »Will den Tribut schon holen.«
Geht zum Großvater: »Zu dumm,
Der jüngere Trottel war früher rum.«

Der alte Teufel versank in Gedanken,
Der Trottel aber fing laut an zu zanken,
Das ganze Meer kam in Erregung
Und alle Wogen in Bewegung.
Das Teufelchen kroch hervor: »Nun, Bäuerlein,
Der ganze Tribut ist dein,
Nur, siehst du diesen Stecken da?
Such dir ein Ziel, ob fern, ob nah,
Und wer noch weiter werfen kann,
Kriegt den Tribut, du kluger Mann. –
Fürchtest, den Arm zu verrenken? – Miau –
Worauf wartest du?« – »Auf jene Wolke im Blau,
Dorthin will ich den Stecken jagen,
Und dann werde ich mich wacker mit euch
schlagen!«
Das erschrockene Teufelchen stieg
Zum Großvater, erzählte von Trottels neuem Sieg.
Doch Trottel drohte der Höllenbrut
Mit dem Strick, denn er geriet aufs neue in Wut.
Das Teufelcheh stieg wieder nach oben.
»Du kriegst den Tribut, sollst noch nicht toben!«
»Nein!« das war Trottels Schrei,
»Jetzt bin ich an der Reih,
Jetzt sollst du, Sohn des Bösen,
Meine Aufgabe lösen!
Na, wie ist dir zumute?
Siehst du dort die graue Stute?
Die Stute heb an
Und trag sie eine Meile voran.
Gelingt es dir, dann ist dein der Tribut,
Gelingt es dir nicht, dann ist mein das Gut.«
Unter die Stute kroch
Das Teufelchen, seufzte: »Och!«
Mühte sich bass,
Wurde rot und nass,
Trug die Stute zwei Schritt weit mit Not,
Fiel um und lag da wie tot.
Der Trottel sprach: »Siehst du jetzt ein,
Dass du für mich noch viel zu klein?
Selbst mit den Armen hobst du sie kaum auf,
Ich nehm sie nur zwischen die Beine – und lauf!«
Er schwingt sich auf die Stute, brüllt

Und sprengt davon – in Staub gehüllt.
Das erschrockene Teufelchen stieg
Zum Großvater, erzählte von Trottels neuem Sieg.
Nichts zu machen, die Teufel brachten voll Wut
Dem Trottel in einem Sack den Tribut.
Der Trottel schleppt und stöhnt dabei,
Da sieht ihn der Pope. Mit einem Schrei
Versteckt er sich hinter seiner Frau
Und wird vor Angst ganz grün und blau.
Doch der Trottel findet ihn schon,
Liefert den Tribut ab und will seinen Lohn.
Der Pope, der Tor.
Kroch hervor.
Beim ersten Nasenstüberlohn,
Da sprang er bis zur Decke schon.
Beim zweiten Nasenstüber
War's mit der Sprache vorüber,
Der dritte aber, der hat sacht
Den Alten um den Verstand gebracht.
Der Trottel sagte nur dabei:
»Das kommt von Geiz und Feilscherei!«

1830

MÄRCHEN VON DER TOTEN ZARENTOCHTER UND DEN SIEBEN RECKEN

MÄRCHEN VON DER TOTEN ZARENTOCHTER UND DEN SIEBEN RECKEN

Von der Zarin nahm der Zar abschied; lang die Reise war.
Und die Zarin klagte sehr, harrt des Zaren Wiederkehr,
Sitzt am Fenster früh und spät und hinaus ins Weite späht;
Schmerzt vom Sehn ihr das Gesicht, und der Zar kommt immer nicht!
Bricht der Winter schon herein, Schnee hüllt Wald und Felder ein.
Schon neun Monde sind dahin, und in wehmutvollem Sinn
Sitzt die Zarin, früh und spät nach des Gatten Heimkehr späht.
Weihnachtsabend bricht herein, schenkt ihr Gott ein Töchterlein.
Kaum war ihr dies Glück beschert, als ihr Gatte wiederkehrt;
Früh am Morgen war er da — und als ihn die Zarin sah,
Außer sich ganz vor Entzücken, wollte sie ans Herz ihn drücken;
Doch zu stark war die Erregung, ihre freudige Bewegung
Schuf der Kranken Weh und Not, und am Mittag war sie tot.

War der Zar voll Gram und Pein, und wie konnt es anders sein?
Wie ein Traum entschwand ein Jahr, da aufs neue freit der Zar.
Und die Frau, die er erkoren, war zur Zarin wie geboren,
Weiß, von stolzem Gliederbau, eine schöne, kluge Frau;
Doch voll Hochmut nebenbei, auch von Eifersucht nicht frei,

Eigenwillig, eigensinnig, aber wirklich schön und minnig.
Nichts war ihr ins Eheleben als ein Spiegel mitgegeben,
Klein, doch eine seltne Habe, denn ihm wurde Redegabe.
Sah sie nach dem Spiegel hin, war die Zarin froh im Sinn,
Er war ihr zum Trost und Spiel, nichts war sonst,
was ihr gefiel.
Rief sie: »Lieber Spiegel, sage treu mir Antwort
auf die Frage:
Ziemt mir nicht der Schönheit Preis? Bin ich nicht
so frisch und weiß,
Hold und lieblich von Gebärden, dass kein Weib
mir gleicht auf Erden?«
Gab der Spiegel Antwort gleich: »Ja, du bist so anmutreich,
Hold und lieblich von Gebärden, dass kein Weib dir
gleicht auf Erden!«
Und mit strahlendem Gesicht hört sie, was der Spiegel
spricht,
Lässt der Freude freien Lauf, zieht die weißen
Schultern auf,
Hat bald hier, bald da zu lüften, stemmt die Arme
in die Hüften,
Dreht und biegt sich, blinzt und nickt, stolzen Auges
um sich blickt.

Doch das Töchterlein des Zaren wurde größer
mit den Jahren,
Wuchs zu wunderbarer Blüte; sanft von Herzen
und Gemüte
War sie, blendend von Gesicht, schönre Jungfrau
sah man nicht.
Wie Prinz Jelissej sie schaut, hält er um sie an als Braut.
Willigt gern der Vater ein, kommt der Prinz,
um sie zu frein.
Man beschenkte sie aufs beste: hundertvierzig
Prunkpaläste,
Sieben Städte, groß und reich, gab der Zar als Mitgift
gleich.

Schon versammeln sich die Gäste im Palast zum
Hochzeitsfeste.
Doch die schöne Zarin kleidet sich noch an,
im Spiegel weidet

Sie das stolze Angesicht, und aufs neu die Zarin spricht:
»Spiegel, lieber Spiegel, sage treu mir Antwort
auf die Frage:
Ziemt mir nicht der Schönheit Preis? Bin ich nicht
so frisch und weiß,
Hold und lieblich von Gebärden, dass kein Weib
mir gleicht auf Erden?«
Und was sagt der Spiegel wieder? »Schön geformt
sind deine Glieder,
Frisch und weiß ist dein Gesicht, doch die Schönste
bist du nicht,
Denn das schöne Zarenkind, das der Prinz als
Gattin nimmt,
Ist so lieblich von Gebärden, dass kein Weib
ihr gleicht auf Erden.«
Wie die Zarin da erbittert aufspringt und
voll Ingrimm zittert!
Tobend ihren Arm bewegt, zornig nach dem
Spiegel schlägt:

Mit den Füßchen auf die Erde stampft sie, ruft in
Zorngebärde:
»Oh, du schlechtes Spiegelglas! mir zum Hohne
sagst du das;
Ich soll ihrer Schönheit weichen? Wie kann sie sich
mir vergleichen!
Warte nur, ich will sie lehren, sich so stolz
herauszukehren!
Zu verwundern ist es nicht, dass so schneeweiß
ihr Gesicht,
Sah die Mutter immer nur aus auf die verschneite Flur;
Doch soll darum gleich ihr Kind schöner sein als ich?
Oh, blind
Musst du sein, mir das zu sagen! Brauchst den Blick nur
aufzuschlagen:
Wer, in meines Zaren Reichen, mag sich mir an Schönheit
gleichen?«
Gab der Spiegel Antwort gleich: »Schön bist du und
anmutreich,
Doch die Zarentochter ist schöner, als du selber bist!«
Nie ward ihr so großes Leid. Voll von Eifersucht und Neid,

Warf sie, grimmig von Gebärde, ihren Spiegel auf die Erde,
Rief Tschernawka, ihre Zofe, durch das Fenster
her vom Hofe,
Gab Befehl, das Zarenkind in den tiefsten Wald
geschwind
Fortzuführen und zu binden, möge sie den Tod dort
finden.

Hätte selbst der Teufel Mut, einem Weib in ihrer Wut
Von Vernunft zu reden? Bald kam Tschernawka
in den Wald
Mit dem schönen Zarenkinde, schickt sich an,
dass sie es binde.
Und das Zarenkind erschrickt, jammernd auf zur Zofe
blickt,
Fleht mit ausgestreckten Armen sie um Mitleid und
Erbarmen:
»Gott, was ist denn mein Verschulden, dass ich solches
soll erdulden?
Rette mich, lass mich am Leben, reichen Lohn
will ich dir geben
Künftig, wenn ich Zarin werde!« Ruft sie flehender
Gebärde.
Und die Zofe hört ihr Flehen, kann, gerührt,
nicht widerstehen,
Denn sie liebt die schöne Maid, spricht: »Ich tue
dir kein Leid,
Mög der Himmel mit dir sein!« Ließ sie,
kam nach Haus allein.
Und die Zarin fragt geschwind: »Nun, wo ist
das schöne Kind?«
Spricht die Zofe: »Dort im Wald steht sie
festgebunden, bald
Wird sie dort ihr Leid vergessen, werden sie
die Wölfe fressen.«

Kam die Mär zu aller Ohren, dass das Zarenkind verloren!
Schmerzgebeugt ob solcher Kunde ward der Zar.
Zur selben Stunde
Jelissej bereitet sich, betet erst inbrünstiglich,
Eilt, von Sehnsucht fortgetrieben, auszuspähn nach
seiner Lieben.

Die Prinzessin kummerschwer irrt im Walde hin und her;
Schon der Tag im Osten graute, plötzlich sieht
sie eine Baute
Hochgezäunt. Es kommt ein Hund auf sie zu,
umkriecht sie rund,
Schnüffelt, wedelt, bellt und springt; und die Zarentochter
dringt
In den Hofraum mit dem Hunde — tiefes Schweigen
in der Runde.
Und sie fasst sich Mut und leicht auf die breite Treppe
steigt,
Macht die Tür auf, und im Schimmer mustert
sie ein großes Zimmer,
Rings von Bänken eingehegt und mit Teppichen belegt.
Heil'genbilder an der Wand, und ein eichner Tisch befand
Sich darunter; um den tiefen ofen bunte Fliesen liefen.
Alles zeigte deutlich ihr: Gute Menschen wohnen hier,
Und man wird sie gut empfangen. Doch, so weit
sie auch gegangen
Ringsum, niemand ist zu sehn! Müde von dem vielen
Gehn,
Zündet sie ein Wachslicht an. Heizt den großen
Ofen dann,
Macht im Hause alles rein, legt sich hin und
schlummert ein.

Mittag naht. Vom Hof herauf schallt ein Lärm;
sie wachte auf.
Sieben Recken auf einmal, stolz, mit Schnurrbart
und in Stahl,
Treten ein. Der Älteste spricht: »Seht nur!
Täuscht mich mein Gesicht?
Alles glänzt so schmuck und rein, jemand muss
im Hause sein,
Der uns alles schön bereitet!« Und der Recke
spähend schreitet
Durch das Zimmer: »Tritt hervor! Schallt mein
Rufen an dein Ohr,
Wisse, es ist gut gemeint, tritt hervor, sei unser Freund!
Bist du alt schon von Gebärden, sollst du unser
Oheim werden.
Bist du jung noch auf den Füßen, lass als Bruder
dich begrüßen,
Bist du eine alte Frau, ist dein Haar in Ehren grau,
Wollen wir dich Mutter heißen, dich zu ehren
uns befleißen.

Doch bist du ein Jungfräulein, sollst du unsre
Schwester sein!«

Und das Zarenkind in Zittern Naht, verbeugt sich
vor den Rittern
Und, schamrot von Angesicht, manches zur
Entschuld'gung spricht,
Dass am Abend ungebeten sie zum Hause eingetreten.
Und die Recken allsofort Merkten an der Jungfrau Wort,
Dass sie Zarentochter sei, holten Kuchen, Wein herbei,
Lauen sie zum Essen ein — doch sie dankte für den Wein,
Und vom Kuchen, den es gab, brach sie nur
ein Stückchen ab.
Gar zu müde war sie, hätte gern ein Stübchen
und ein Bette.
Noch beim hellen Tagesschimmer führte man
sie ein Zimmer
Oben, ließ sie dort allein, und bald schlummerte sie ein.

Tag auf Tag also entschwand, und das Zarenkind befand
Sich noch immer wohlgemut in der sieben Recken Hut.

In der Frühe stets von Haus ziehn die sieben Brüder aus,
Streifen auf verschiednen Wegen, wilde Enten
zu erlegen,
Sarazenen aufzujagen oder Köpfe abzuschlagen
Von Tataren und Tscherkessen. Und das Zarenkind
indessen
Weit im Waldeshaus allein, lässt sich's angelegen sein,
Einer Hausfrau gleich zu schalten, alles ordnend
zu erhalten.
Tag auf Tag also vergeht, froh in Eintracht alles steht.

Doch die Brüder, alle sieben, sich ins Zarenkind verlieben.
Einstmals, schon beim Frührotschimmer, treten
alle in ihr Zimmer.
Hebt der Ältste an zu reden: »Holde Maid,
du kennst nun jeden
Von uns, weißt, dass alle sieben dich wie
eine Schwester lieben;
Jeder würde glücklich sein, dich als Ehgemahl zu frein.
Doch das geht nicht, drum gestehe: Welchen
wünschest du zur Ehe
Von uns sieben? Einen wähle, und auf alle andern zähle
Wie auf Brüder. Ach! Du schweigst, still das Köpfchen
du nur neigst.
Ist dir keiner zu Gefallen, liebst nicht einen
von uns allen?«

»Ach, ihr Brüder, meine Lieben, schwesterlich
euch alle sieben
Lieb ich« — so die Jungfrau spricht. »Doch
euch freuen kann ich nicht.
Strafe Gott mich, wenn ich lüge, euch durch falsches
Wort betrüge:
Meinem Herzen wert und traut seid ihr —
doch ich bin schon Braut!
Alle seid ihr hochgemut, weise, edel, stolz und gut.
Alle seid ihr gleich vernünftig, Aber ich gehöre künftig
Einem andern. Lieb ich schon Jelissej, den Königssohn.«

Standen alle Brüder stumm, kratzten sich am Ohr herum.
»Fragen ist nicht sünd'gen«, spricht drauf der Ältste,
»zürne nicht,

Палех · 1979 г.
Н. Лопатин.

Gutgemeint war unser Wort, schweigen wir davon
hinfort!«
Sprach die Jungfrau: »Liebe Herrn, euch zu zürnen
sei mir fern!
Lasst auch mich Verzeihung hoffen, dass ich meine
Minne offen
Euch bekannt...« Und alle sieben Brüder grüßten
sie und blieben
Freundlich, wie sie immer waren, mit dem holden
Kind des Zaren.

Doch die Zarin hat indessen nicht das Zarenkind
vergessen.
Jeder Tag in ihrem innern Weckt ein neidisches Erinnern.
Lange Zeit in ihrem Hass geht sie nicht zum Spiegelglas.
Doch sie kann nicht widerstehen auf die Dauer,
muss es sehen,
Macht ein freundliches Gesicht, spiegelt sich
im Glas und spricht:
»Gruß dir, lieber Spiegel! Sage treu mir Antwort
auf die Frage:
Ziemt mir nicht der Schönheit Preis? Bin ich nicht
so frisch und weiß,
Hold und lieblich von Gebärden, dass kein Weib
mir gleicht auf Erden?«
Gab der Spiegel Antwort gleich: »Schön bist
du und anmutreich,
Doch wo sich ein Haus erhebt tief im Eichenwalde, lebt
Ohne Ruhm zu dieser Frist eine, die noch schöner ist;
Schönre Jungfrau sah man nie! Sieben Recken hüten sie!«
Stürzt die Zarin zornesvoll auf Tschernawka, ruft in
Groll:
»Wie hast du mit falschem Sinn mich betrogen!
Und worin!« —
Und Tschernawka, voller Schrecken, eilt,
ihr alles zu entdecken.
Drauf die grimme Zarin droht ihr mit martervollem Tod,
Tötet sie nicht selbst geschwind das verhasste Zarenkind.

Eines Tags das Zarenkind sitzt am Fenster spät und spinnt,
Dreht das Spinnrad schnurrend, harrt ihrer Brüder
Gegenwart.
Plötzlich bellt's im Hofe laut, springt sie auf
und späht und schaut:
Eine arme Frau treibt dort mit dem Stock
den Hofhund fort.
Ruft das Zarenkind ihr zu: »Warte nur, gleich
schaff ich Ruh,
Werde selbst den Hund verjagen, speise dir
hinuntertragen!«
Und die Alte spricht zu ihr: »Schöne Jungfrau, Dank sei dir!
Sieh, wie das verwünschte Tier wütig bellt und schnappt
nach mir,
Hat mich blutig schon gebissen, hätte mich beinah
zerrissen!«

Und das schöne Zarenkind eilt mit Brot hinab geschwind,
Es der armen Frau zu bringen; doch der Hund hebt
an zu springen,
Wie sie nie gesehn — ein Bellen, Heulen, dass die
Ohren gellen,
Sucht gewaltsam von der Alten seine Herrin fernzuhalten —
Kaum naht sich die Alte ihr: Stürzt, gleichwie
ein wildes Tier,
Auf sie los der Hund in Wut. Hat gewiss schlecht
ausgeruht!
»Fang!« Die Jungfrau wirft das Brot, und die Alte fängt's
mit Not:
»Segne Gott dich für die Gabe, nimm zum Dank,
was ich hier habe!«
Sprach's, und einen Apfel zog sie hervor, der Apfel flog...
Sucht der Hund ihn zu erwischen, springt empor
und heult dazwischen,
Doch das Zarenkind gewandt fängt den Apfel
mit der Hand.
Wie frisch und mürbe war, glänzend wie von Golde gar!
Nochmals dankend, rief die Alte: »Dass der Himmel
dich erhalte,
Wie du bist, so schön und rein! Iss den Apfel,
denke mein...«
Also sprach sie, mit der Hand winkt' sie grüßend
und verschwand...
Und hinauf die Treppenstufen eilt die Jungfrau.
Ungerufen
Folgt der Hund ihr, springt und bellt nach dem Apfel,
den sie hält,
Kann den Apfel nicht erreichen; sieht der Hund
mit schmerzensreichen

Blicken ihr ins Angesicht, und sein flehend Auge spricht —
Denn der Zunge fehlt das Wort: Lass den Apfel,
wirf ihn fort!
»Nun, was hast du?« fragt sie, schmeichelnd ihn
mit zarten Händen streichelnd:
»Komm, mein Hündchen, lege dich, ruh dich
aus und pflege dich!«

Eilt die Jungfrau in ihr Zimmer, schließt die Türe leis,
wie immer,
Setzt ans Fenster sich und harrt ihrer Brüder Gegenwart.
Doch vom Apfel in der Hand wird kein Auge abgewandt:
Wie er saftig, rosig, mürbe, sahade, wenn der so verdürbe!
Schmeckt er gut? Sie reicht daran, führt ihn
an die Lippen dann,

Beißt ein Stückchen ab und schluckt... Plötzlich
wirr ihr Auge zuckt,
Fiebernd zittern alle Glieder, ihre Arme sinken nieder;
Des Bewusstseins ganz beraubt, stürzt sie hin
und lehnt ihr Haupt
An die Bank, die an der Wand unter Heil'genbildern
stand...

Bald darauf aus blut'gem Strauß kehrt die Brüderschaft
nach Haus.
Bellend kommt auf ihren Wegen ihnen schon
der Hund entgegen;
Unter kläglichem Gewimmer führt er sie hinauf
ins Zimmer.
In des Hundes Wimmern, Keuchen sehen sie ein
schlechtes Zeichen —
Treten ein und staunend sehen, was hier Grässliches
geschehen.
Und der Hund laut bellend springt auf die Frucht,
die er verschlingt,
Und sich winselnd streckt; es trifft Tötend selber
ihn das Gift.
Doch die Brüder, alle sieben, tiefgebeugten Hauptes
blieben
Trauernd bei der Schwester stehn. Schön im Tod
anzusehn
War sie. Nach inbrünst'gem Beten leis die Brüder
zu ihr treten,
Legen ihr ein Grabkleid an, wollen sie begraben dann,
Doch beschließen anders wieder — Denn so frisch
sind ihre Glieder
Anzusehn und ihre Wangen, als ob Schlummer
sie umfangen.
Und drei Tage so verstrichen, doch sie war
und blieb verblichen.
Nach der Totenfeier barg man den Leib in einem Sarg
Von Kristall. Um Mitternacht ward die Leiche
fortgebracht
Ins Gebirg. Die sieben Ritter zogen um den Sarg
ein Gitter,
Drin sechs runde Säulen standen: Fest an diese Säulen
banden

Sie den Sarg mit Eisenketten, als ob sie gefürchtet hätten,
Dass man sie noch rauben könnte, ihr die letzte
Ruh nicht gönnte.
Eh sie von der Leiche schieden, sprach der Ältste:
»Ruh in Frieden!
Schnell, als Opfer böser Leute, wurdest du des Todes
Beute.
Lebst im Himmel jetzt als Engel ohne Fehl und ohne
Mängel.
Deiner Schönheit feine Blüten suchten wir für
den zu hüten,
Den du liebend selbst erkoren, doch er blieb
für dich verloren —

Keinem hast du dich im Leben, nur dem Grab
ganz hingegeben.«

An dem Tag der Zarin war es, als ob etwas Wunderbares
Vorgefallen; heimlich geht sie hin zum Spiegel,
fragend steht sie:
»Spiegel, lieber Spiegel, sage treu mir Antwort
auf die Frage:
Ziemt mir nicht der Schönheit Preis? Bin ich
nicht so frisch und weiß,
Hold und lieblich von Gebärden, dass kein Weib
mir gleicht auf Erden?«
Gab der Spiegel Antwort gleich: »Ja, du bist so anmutreich,
Schön und lieblich von Gebärden, dass kein Weib
dir gleicht auf Erden!«

Jelissej in seinem Schmerz sucht indessen allerwärts
Seine Braut, doch ach! vergebens, denn kein Ende
seines Strebens
Zeigt sich ihm. Auf seine Fragen kann ihm niemand
Antwort sagen.
Löst sein Schmerz sich auf in Tränen, und gar viele
Menschen wähnen
Ihn in Wahnsinn: Wenn er spricht, lacht ihm
einer ins Gesicht,
Zeigt den Rücken ihm der andre. Ob er alle Welt
durchwandre,
Die Verlorne sieht er nicht! Endlich auf zum Sonnenlicht
Hat er seinen Blick erhoben, spricht: »Du schöne
Sonne oben,
Aller Welt mit warmem Schein leuchtest du jahraus,
jahrein,
Auf und ab am Himmel ziehst du, und auf Erden
alles siehst du.
Hör mich, helle Sonne, sage wahr mir Antwort
auf die Frage:
Sahst du nicht, die ich erkoren, meine Braut,
die sich verloren?«
Und die helle Sonne spricht: »Die Verlorne sah ich nicht;
Ob sie lebt und wo sie wohnt, weiß ich nicht.
Vielleicht der Mond
Kann, mein Nachbar, Kunde geben, ob sie wirklich
noch am Leben.«

Jelissej in schwerem Gram harrte, bis der Abend kam,
Und kaum war der Mond erschienen, fragt'
er ihn mit bangen Mienen:
»Lieber Mond, aus tiefstem Dunkel hebt sich strahlend
dein Gefunkel,
Rund und voll ist dein Gesicht, Silbern deiner
Augen Licht;
Und im strahlenden Gewimmel schaun die Sterne
rings am Himmel
Liebend auf dich hin! O sage wahr mir Antwort
auf die Frage:
Sahst du nicht, die ich erkoren, meine Braut,
die sich verloren?«

Und der Mond zur Antwort spricht: »Die Verlorne
sah ich nicht.
Weiß nicht, ob sie nah, ob ferne, denn ich hüte
nur die Sterne;
Und auf Erden viel geschieht, was mein strahlend
Aug nicht sieht!«
Jelissej laut weint und klagt. Und der Mond aufs neue sagt:
»Warte, weiß vielleicht der Wind von dem schönen
Zarenkind;
Tröste dich, auf deine Fragen wird er gern
dir Antwort sagen.«

Jelissej auf seinen Wegen eilt dem Winde schnell entgegen,
Ruft ihm zu: »O mächt'ger Wind, unsichtbaren
Laufs geschwind
Wandelst du einher auf Erden! Wolken treibst
du gleich wie Herden
Vor dir her; bei deinem Stürmen muss das blaue
Meer sich türmen;
Fürchtest rings im Raume keinen, bist nur dienstbar
Gott, dem einen.
Sahst du nicht, o mächt'ger Wind, in der
Welt ein Zarenkind,

№ 683 с. Палех 1996 г.
Шатохина Ж.

Das ich mir zur Braut erkoren und in Trauern
dann verloren?«
So der Wind zur Antwort sprach: »Sieh, dort hinter
jenem Bach,
Murmelnd geht sein Schlangenlauf, steigen hohe
Berge auf.
In den Bergen gähnt ein Schlund; auf des Schlundes
finsterm Grund,
Zwischen Säulen hingestellt, ein Kristallsarg steht;
ihn hält
Ringsum eine Eisenkette. Nirgends nah der wüsten Stätte
Wohnt ein Mensch — kein Auge schaut auf das
Grabmal deiner Braut.«

Sprach's der Wind und weiter weht, Jelissej,
laut schluchzend, geht
Ins Gebirg zur wüsten Stätte, um in ihrem Todesbette
Noch einmal — zum letzten Male! — seine Braut
zu sehn. Vom Tale
In die Berge kommt er bald. Gähnt vor ihm
ein Felsenspalt,
Öffnet ihm den Weg zum Schlunde, wo auf tiefem,
finsterm Grunde
Der Kristallsarg steht; dort ruht seine Braut
in treuer Hut.
Jelissej tat einen Schlag, dass der Sarg zerbrochen lag.
Und er steht und staunend schaut seine
totgeglaubte Braut
Plötzlich neu erwacht zum Leben aus dem Sarge
sich erheben.
Und sie streckt' sich, schluchzte tief, rieb die Augen
sich und rief:

»Ach, was ich geschlafen habe!« Dann entstieg sie ihrem Grabe...
Beide weinten laut vor Glück. Jelissej führt sie zurück
An das Tageslicht, ins Freie. Scherzten, herzten sich die zweie,
Waren ganzer Wonne voll. Und mit Blitzesschnelle scholl
Das Gerücht in allen Landen, dass das Zarenkind erstanden!

Weilt im Haus die Zarin müssig, Und, des Nichtstuns überdrüssig,
Sitzt sie vor dem Spiegel nieder, Scherzt mit ihm und fragt ihn wieder:

»Spiegel, lieber Spiegel, sage treu mir Antwort
auf die Frage:
Ziemt mir nicht der Schönheit Preis? Bin ich nicht
so frisch und weiß,
Hold und lieblich von Gebärden, dass kein Weib
mir gleicht auf Erden?«
Und der Spiegel zu ihr spricht: »Schön bist du von
Angesicht,
Doch die Zarentochter ist schöner, als du selber bist.«
Tobend, zornig von Gebärde, sprang die Zarin auf,
zur Erde
Schmettert sie das Spiegelglas, stürzt zur Türe leichenblass —
Plötzlich kommt auf ihren Wegen ihr das Zarenkind
entgegen.
Da versagten ihr die Glieder, Tot vor Schrecken schlug
sie nieder.
Hochzeit hielt das junge Paar, als sie kaum begraben war.
Mit der jungen, schönen Braut wurde Jelissej getraut;
Nie, seit Erd und Himmel stehn, sah man solch
ein Fest begehn!
Ich war dort, trank Met und Bier, nass ward nur
der Schnauzbart mir.

1833

и семи богатырях"
с. Палех. 1992г.

Из произв. А.С. Пушкина. сказка о рыбаке и рыбке.
село Палех. 1934 И. Зубков.

MÄRCHEN VOM FISCHER UND DEM FISCHLEIN

MÄRCHEN VOM FISCHER UND DEM FISCHLEIN

Lebte einst mit der Alten ein Alter
Am Ufer des blauen Meeres;
Eine Erdhütte war ihre Wohnung,
Drin sie dreiunddreißig Jahre hausten.
Mit dem Sacknetz fing Fisch der Alte,
Die Alte saß spinnend am Spinnrad.
Einstmals warf er sein Sacknetz ins Meer aus —
Doch nur Schlamm zog das Netz ans Ufer;
Wieder warf er das Sacknetz ins Meer aus —
Doch nur Seegras brachte das Sacknetz;
Und zum drittenmal warf er das Netz aus —
Sieh, da brachte das Netz ihm ein Fischlein,
Ein gar seltenes Fischlein, ein goldnes.
Da flehte das goldene Fischlein
Und sprach mit menschlicher Stimme:
»Lass mich, Alter, zurück in die Meerflut,

Will dafür dir ein Lösegeld zahlen:
Wie du's selber bestimmst, will ich's zahlen.«
Staunen fasste den Alten und Schrecken:
Dreiunddreißig Jahr lang fing er Fische
Und hörte doch nie einen sprechen.
Er ließ frei das goldene Fischlein,
Sprach zu ihm die freundlichen Worte:
»Gott sei mit dir, du goldenes Fischlein!
Deines Lösegelds nimmer bedarf ich;
Tauch zurück in die blauende Meerflut
Und ergehe dich lustig im Freien!«

Heim zur Alten ging wieder der Alte
Und erzählte vom Wunder, dem großen:
»Heute hatt ich ein Fischlein gefangen,
Ein gar seltenes Fischlein, ein goldenes;
So wie wir sprach das goldene Fischlein,
Bat, nach Hause, ins Meer es zu lassen,
Wollte mir ein Lösegeld zahlen,
Wie ich selber es sollte bestimmen,
Ich mochte kein Lösegeld nehmen,
Ließ umsonst in die Meerflut das Fischlein.«
Doch da schalt die Alte den Alten:

»Ach, du Erznarr, du alberner Tölpel!
Warum hast du kein Lösegeld genommen?
Einen Trog hättest du sollen verlangen,
Da der unsere längst schon geborsten!«

An das blauende Meer ging der Alte —
Sieh, da kräuselte leicht sich die Fläche.
Er rief laut nach dem goldenen Fischlein,
Und es kam das Fischlein und fragte:
»Sprich, Alter, was willst du haben?«
Und der Alte verneigt sich und bittet:
»Hab Erbarmen, allmächtiges Fischlein!
Meine Alte, die schilt mich und zankt mich,
Lässt mich Alten daheim nicht in Ruhe:
Sie begehrt einen Trog, einen neuen,
Da der unsere längst schon geborsten.«
Antwort bietet das goldene Fischlein:
»Sei getrost, geh mit Gott deines Weges!
Einen neuen Trog sollt ihr haben.«

Heim zur Alten kehrte der Alte —
Sieh, der neue Trog war zur Stelle!
Doch noch ärger schalt ihn die Alte:
»Ach, du Erznarr, du alberner Tölpel!
Warst so dumm, einen Trog zu begehren!
Welchen Nutzen kann bringen ein Trog mir?
Geh zurück, du Narr, zu dem Fischlein,
Verneig dich und bitt um ein Häuschen!«

An das blauende Meer ging der Alte
— War das blaue finster geworden —,
Er rief laut nach dem goldenen Fischlein,
Und es kam das Fischlein und fragte:
»Sprich, Alter, was willst du haben?«
Und der Alte verneigt sich und bittet:
»Hab Erbarmen, allmächtiges Fischlein!
Ärger schilt nur und zankt mich die Alte,
Lässt mich Alten daheim nicht in Ruhe:
Gar ein Haus will die Keiferin haben!«
Antwort bietet das goldene Fischlein:
»Sei getrost, geh mit Gott deines Weges!
So sei's denn, ein Haus sollt ihr haben!«
Heim zur Erdhütte kehrte der Alte,
Aber diese ist spurlos verschwunden.
Vor ihm steht ein Häuschen mit Erkern,
Mit getünchtem Schorstein aus Ziegeln,
Vorn — ein Tor von behobelten Eichen.
Die Alte sitzt vor dem Fenster:
Was das Zeug hält, schilt sie den Alten:
»Ach, du Erznarr, du alberner Tölpel!
Warst so dumm, nur ein Haus zu begehren!

Geh zurück zu dem Fischlein und sag ihm:
Eine Bäuerin will ich nicht bleiben,
Eine Edelfrau will ich nun werden!«

An das blauende Meer ging der Alte
— Es wogte und brauste die Fläche —,
Er rief laut nach dem goldenen Fischlein,
Und es kam das Fischlein und fragte:
»Sprich, Alter, was willst du haben?«
Und der Alte verneigt sich und bittet:
»Hab Erbarmen, allmächtiges Fischlein!
Immer ärger treibt's meine Alte,
Lässt mich Alten daheim nicht in Ruhe:
Eine Bäuerin will sie nicht bleiben —
Eine Edelfrau will sie nun werden!«
Antwort bietet das goldene Fischlein:
»Sei getrost, geh mit Gott deines Weges!«

Heim zur Alten kehrte der Alte.
Und was sieht er? Ein Herrenhaus!
Auf der Freitreppe steht seine Alte
In kostbarem Zobelfellpelzchen.
Auf dem Scheitel brokatenes Häubchen,
Um den Hals ein Geschnüre von Perlen,
An den Fingern goldene Ringe,
An den Füßen rotjuchtene Schuhe.
Vor ihr stehen dienstwillige Diener,
Sie schlägt sie, zieht sie am Schopfe.
Der Alte sagt zu der Alten:
»Gott zum Gruße, vielgnädige Herrin!
Sprich, ist nun deine Seele zufrieden?«
Doch voll Zornes fuhr an ihn die Alte
Und befahl ihm, als Stallknecht zu dienen.

Eine Woche verstreicht und die zweite,
Noch närrischer wurde die Alte.
Wieder schickt sie den Alten zum Fischlein:
»Geh zurück zu dem Fischlein und sag ihm:
Eine Edelfrau will ich nicht bleiben,
Will als Zarin uneingeschränkt herrschen!«
Da erschrak der Alte und flehte:
»Aber Weib, hast du Tollkraut gefressen?

Kannst mit Anstand nicht gehen, noch sprechen,
Wirst dich lächerlich machen im Reiche!«
Da ergrimmte die Alte noch grimmer,
Einen Backenstreich gab sie dem Alten.
»Was, du Bauer, du wagst es zu trotzen,
Einer Edelfrau zu widersprechen?
Geh zum Meere, ich rat es dir gütlich,
Gehst du nicht, so wird man dich zwingen!«

An das blauende Meer ging der Alte
— Ganz schwarz war das Meer nun geworden —,
Er rief laut nach dem goldenen Fischlein,
Und es kam das Fischlein und fragte:
»Sprich, Alter, was willst du haben?«
Und der Alte verneigt sich und bittet:
»Hab Erbarmen, allmächtiges Fischlein!
Wiederum schlägt Krach meine Alte:
Eine Edelfrau will sie nicht bleiben,
Will als Zarin uneingeschränkt herrschen!«
»Sei getrost, geh mit Gott deines Weges!
Deine Alte soll herrschen als Zarin.«

Heim zur Alten kehrte der Alte.
Sieh — ein Zarenschloss reckt seine Hallen.
In dem Schlosse, da sitzt seine Alte,
Thront als Zarin an zarischer Tafel,

Edelleut und Bojaren sind Diener;
Überseeischen Wein trinkt die Zarin,
Honigkuchen dazu isst die Zarin;
Die Leibwächterschar steht da im Kreise,
Auf den Schultern die Streitäxte tragend.
Als der Alte das sah, da erschrak er,
Zu Füßen der Alten warf er sich nieder:
»Gott zum Gruße, du vielgestrenge Zarin!
Sprich, ist nun deine Seele zufrieden?«
Keines Blicks ward gewürdigt der Alte,
Von sich zu treiben befahl ihn die Alte.
Alle Edelleut und Bojaren,
Ins Genick stießen fort sie den Alten;
An der Tür mit der Axt die Wachen,
Hätten bald ihn niedergehauen.
Und das Volk verlachte ihn höhnisch:
»Alter Tölpel, recht ist dir geschehen,
Wird in Zukunft als Lehre dir dienen:
Lass den Vorwitz, was nicht deines Amts ist!«

Eine Woche verstreicht und die zweite,
Noch närrischer wurde die Alte,
Schickt die Höflinge nach ihrem Manne,
Endlich fand man den Alten, bringt aufs Schloss ihn.

Spricht die Alte zu ihrem Alten:
»Geh zurück zu dem Fischlein und sag ihm:
Zarin will ich länger nicht bleiben,
Will nun werden die Herrscherin des Meeres,
Will nun leben im Ozean-Meere,
Dass das goldene Fischlein mir diene,
Dass es Botendienste mir leiste!«
Keinen Widerspruch wagte der Alte,
Sprach kein einziges Wörtchen dagegen.
An das blauende Meer ging er wieder.
Sieh — da brandet tiefschwarz die Fläche,
Hochauf bäumen sich zornig die Wogen
Und heulen in hohlem Geheule.
Nach dem goldenen Fisch rief der Alte,
Und es kam das Fischlein und fragte:
»Sprich, Alter, was willst du haben?«

Und der Alte verneigt sich und bittet:
»Hab Erbarmen, allmächtiges Fischlein!
Meine Alte ist vollends des Teufels!
Zarin will sie länger nicht bleiben,
Will nun werden die Herrscherin des Meeres,
Will nun leben im Ozean-Meere,
Dass du selber, Fischlein, ihr dienest,
Dass du Botendienste ihr leistest!«
Nicht ein Wort sprach das goldene Fischlein,
Mit dem Schwanze nur schlug es das Wasser
Und tauchte hinab in die Tiefe.
Lange harrte der Alte auf Antwort,
Doch vergebens. Da ging er zur Alten.
Sieh — vor ihm hockt die Erdhütte wieder,
Auf der Schwelle sitzt seine Alte,
Und vor ihr liegt der Trog, der geborstne.

1833

INHALT

PUSCHKIN-MÄRCHEN. PALECH-MALEREI

Gestaltung Denis Lasarew
Fotos Pawel Demidow und Oleg Trubskij
Illustrationen
Oleg An, Andrej Arapow, Pawel Bashenow, Iwan Bakanow, Alexander Baranow, Swetlana Bajkina, Sergej Bachirew, Roman Beloussow, Walentina Beloserowa (Russina), Konstantin Bokarew, Walerij Bokarew, Alexander Borunow, Wladimir Buldakow, Natalia Buldakowa, Wladimir Buschkow, Dmitrij Butorin, Walentin Chodow, Wladimir Cholmow, Nadeshda Chomjakowa, Aristarch Dydykin, Stepan Gawrilow, Iwan Golikow, Nikolai Golikow, Antonina Iwanowa, Irina Jablokowa, Boris Jermolaev, Waleri Juskow, Sergej Kalinin, Iwan Kamanin, Sergej Kamanin, Alexander Klipov, Ljubov Kortikowa, Alexej Kotschupalow, Alexander Kotuchin, Wladimir Kotuchin, Anna Kotuchina, Nadeshda Kowatsch, Wiktor Kriwzow, Juri Kryssenkow, Nikolai Lopatin, Nina Lopatina, Irina Majewskaja, Iwan Markischew, Georgi Mironow, Galina Motschalina, Witali Muchin, Alexander Nikolaew, Ewgenia Nebogatowa, Wiktor Paramonow, Nikolai Paramonow, Swetlana Paramonova, Alexej Saizew, Ewgenia Schatochina, Michail Schischkow, Galina Sikowa, Nikolai Simin, Nikolai Sinowiew, Wassili Skalosub, Wladimir Smirnow, Wiktor Solotarew, Iwan Subkow, Tamara Subkowa, Alexander Terechin, Dmitrij Urban, Natalia Urban, Olga Tsiganowa, Iwan Wakurow, Nikolai Wakurow, Alexej Watagin, Sergej Welikanow, Larisa Wiuguina

Lektorat Irina Lwowa und Alla Rodina
Computersatz Nina Sokolowa
Farbkorrektur Tatjana Krakowskaja
Vorbereitung zum Druck Tatjana Krakowskaja und Sergej Wyrtossu

Производитель – ЗАО «П-2»
192029, Россия, Санкт-Петербург, пр. Обуховской Обороны, д. 95, корп. 2

„Государь! проснись! Беда"
„Сказка о Золото